나의 오병이어

나의 오병이어

지은이 | 김학재

초판 발행 | 2021. 4. 15

등록번호 | 제1988-000080호

등록된 곳 | 서울특별시 용산구 서빙고로 65길 38

발행처 | 사단법인 두란노서원

영업부 | 2078-3352   FAX | 080-749-3705

출판부 | 2078-3331

책값은 뒤표지에 있습니다.

ISBN 978-89-531-4000-4 03230

독자의 의견을 기다립니다.

tpress@duranno.com   www.duranno.com

두란노서원은 바울 사도가 3차 전도여행 때 에베소에서 성령 받은 제자들을 따로 세워 하나님의 말씀으로 양육하던 장소입니다. 사도행전 19장 8-20절의 정신에 따라 첫째 목회자를 돕는 사역과 평신도를 훈련시키는 사역, 둘째 세계선교(TIM)와 문서선교((단행본·잡지))사역, 셋째 예수문화 및 경배와 찬양 사역, 그리고 가정·상담 사역 등을 감당하고 있습니다. 1980년 12월 22일에 창립된 두란노서원은 주님 오실 때까지 이 사역들을 계속할 것입니다.

나의 오병이어

움켜쥔 손을 펴
주께 드릴 때
풍성히 쓰임 받는 삶

김학재
지음

두란노

CONTENTS

프롤로그   6

1장.
오늘 찾아온 그가
예수님이라면

출발 신호탄과 함께 사라져 버린 희망	13
가진 것을 전부 주라	16
없는 중에도 나누라시니 나눕니다	22
네 할 일은 여기까지다	27
오늘 하나님과 만나는 영광을 얻기만 한다면	31
라흐만의 아픔이 내 아픔이 되어	34
네 몫은 딱 여기까지야	37

2장.
그릇된 생각과
올바른 판단

절박한 상황에서 밀려오는 그릇된 생각	45
오직 하나님의 방법으로	49
나아만 장군의 인생 변곡점	58

3장.
하나님의 공의가
이루어지는 그때

교육관 부지를 알아보다	67
낙심 중에 오직 말씀만 붙잡다	70
하나님 이 억울함을 순식간에 벗겨 주세요	74
인자가 올 때에 세상에서 그 믿음을 보겠느냐?	80

4장.
나의 오병이어를
주님께

보내 주실 때까지 주님의 손길을 기다립니다	89
치료하시는 하나님	96
복음의 불모지로 향하는 에반스 콜린의 삶	98

5장. 나그네가 누리는 은혜	그들을 위한 성전을 세우시고	105
	교회 셔틀버스를 운행하면서	113
	쓰임 받는 일은 소중한 일이야	118
	데이비드의 치유와 회복	121
	다니엘의 잃어버린 지갑	125
	끝은 또 다른 시작이 되다	134
	동태 장수의 간절한 소원	137
6장. 낮은 자를 주목하시는 하나님	필리핀 톤도 선교 현장을 찾아	145
	감사를 고백하는 아이들	154
	잠재력을 보는 시선이 중요하다	157
	나약한 이를 사용하시는 하나님	161
7장. 계속 쓰임 받는 삶을 살게 하소서	영혼을 살리는 우물	169
	산토스 부부 이야기	172
	타라의 가정에 임한 기적	176
	부르심에는 이유가 있다	183
	팬데믹에도 돌아가는 선교 시계	187
에필로그		196

　친히 내게 가까이 다가오시는 참 좋으신 하나님, 그 하나님
과의 만남은 나의 기억을 늘 고동치게 한다. 해바라기가 태양을
따라 활짝 웃음 짓듯이, 나도 그분의 기뻐하심을 위해 그분을 향
한 내 마음의 문을 활짝 열어 놓고 그분을 기다린다. 지금 이 순간
까지 내 삶 가운데 함께하시고 힘들 때마다 다가와 살포시 안아
주시는 주님께 감사와 찬양과 영광을 올려 드린다.

　주님은 오래전부터 '내 인생 가운데 하나님이 함께하셨던 일
들'을 글로 적어 정리해 보라는 마음을 주셨다. 그러나 나는 문학
에 소질도 없고 사는 것도 바빠 글쓰기를 주저했다. 그러던 어느
날, 주변 분들의 격려와 도움으로 휴가 중에 펜을 잡게 되었는데,
놀랍게도 집필 기간 내내 성령 하나님께서 내 생각과 손을 주장해
주셨다. 그분의 인도하심으로 지나온 삶을 중단 없이 원고지에 담
아 완성할 수 있었다.

　이 책을 써 내려가는 동안 연약하고 보잘것없는 내게 힘이
되시는(시 18:1) 하나님이 어떤 분인지, 하나님이 우리 인생 가운데
어떻게 영향을 미치시는지 깨닫게 되었다. 부디 이 책이 이 시대

를 살아가는 그리스도인의 믿음을 견고히 지키는 길잡이가 되길 바란다. 또한 불확실한 미래 앞에서 두려움과 걱정이 많은 젊은이들에게 이 책이 믿음의 도전이 되어서 살아 계신 하나님의 임재를 경험하고 그 경험을 통해 강인한 힘을 얻게 되기를 바란다. 그리고 모든 독자가 우리 등 뒤에서 우리를 바라보시며 기뻐하시는 참 좋으신 하나님을 기억하기를 바란다.

나는 이 책에서 삶의 순간순간마다 함께하여 주신 하나님을 간증하였다. 내가 넘어지고 쓰러져도 오뚝이처럼 다시 일어날 수 있었던 것은 결코 내 힘과 용기 때문만이 아니었다. 언제나 내 등 뒤에서 토닥이며 위로해 주시고 힘주시는 하나님이 계셨기에 가능한 일이었다. 실족할 만큼 암담한 현실 상황에서도 주님은 내게 다가와 살며시 손을 잡아 일으켜 세우셨다. 그래서 이 책은 손이 아닌 삶으로 써 내려간 책이라 할 수 있다.

순복음 신앙의 바탕인 4차원의 영성으로 믿음을 키워 주신 조용기 원로목사님과 말씀으로 믿음을 붙잡아 주신 이영훈 담임

목사님께 감사드린다. 그리고 내 신앙의 선배이며 기도가 필요할 때마다 뒤에서 기도로 힘주신 이전사 목사님께 감사드린다.

고생을 낙으로 알고 시화공단 외국인 선교를 위해 봉사한 아름다운 분들의 모습이 어제 일처럼 또렷하게 남아 있다. 초인적으로 선교사역을 감당했던 김형근 전도사님(현 순복음금정교회 담임목사), 매주 양손 가득 꽃다발을 들고 먼 길을 달려와 강단을 장식해 준 구 집사님, 외국인 근로자들에게 한글을 가르치신 문 집사님, 이곳저곳에서 가져온 옷으로 외국인들을 입히신 최광해 집사님과 이명환 집사님… 그밖에도 아무도 알아주지 않지만 자비량으로 신실하게 섬기던 분들까지 모두 보고 싶다.

그리고 언제나 환한 웃음과 기쁨이 넘치는 마음으로 외국인들과 봉사자들을 위해 150명 분의 카레라이스를 만들며 부족한 남편을 도와 함께 뛰어 준 아내 양인혜 권사에게 깊은 감사를 전한다. 사랑의 하나님께서 이 모든 분들의 섬김과 믿음을 기억하여 주실 줄 믿는다.

이분들은 움켜 쥔 손을 펴 주님께 드릴 때 하나님께 쓰임 받는다는 진리를 몸소 보여 주었다. 아이의 작은 오병이어를 주님께서 사용하셔서서 오천 명이 넘는 사람들을 먹이셨듯이, 우리의 작은 오병이어도 주님이 기쁘게 받으셨으리라 믿는다.

마지막으로 가장 감사한 분은 당연히 나의 주님이시다.

"주님! 제게 허락된 삶이 얼마나 남아 있는지 알 수 없지만, 하루를 살든 한 시간을 살든 당신을 온전히 기쁘게 해드리기 원합니다. 주님을 향한 절대 감사와 절대 순종으로 주님과 동행하며 살다가 부르시는 그날 기쁨으로 주님 앞에 서겠습니다. 지금까지 그랬던 것처럼 언제까지나 제 등 뒤에서 말씀해 주세요. 사랑의 주님, 감사합니다. 사랑합니다."

2021년 4월
김학재

1장

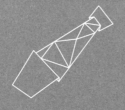

오늘 찾아온 그가
예수님이라면

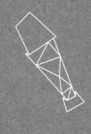

어제나 오늘이나 우리에게 다가오시는 예수님은

다양한 모습으로 우리 삶 가운데 역사하신다.

때론 우리가 예상하지 못한 모습으로,

때론 우리가 가늠하지 못한 모습으로.

우리를 찾으시는 예수님은

나에게 섬김과 헌신의 기회를 주셨다.

주님께 받은 무한한 사랑과 은혜와 기쁨을

누군가에게 마음을 활짝 열고 나누게 하신다.

다양한 모습으로 나에게 다가오신 예수님을,

놀라운 뜻을 이루게 하실 주님을

오늘도 나는 기다린다.

출발 신호탄과 함께

사라져 버린 희망

'지극히 평범하면서도 남다르게 성실한 직장인.' 삼십 대의 내 모습이었다. 근무하던 회사는 탄탄한 중소기업이었다. 주기별 보너스도 넉넉히 나와 가정을 꾸려 가기에 아무 문제없는 안정적인 회사였다.

마흔을 앞둔 어느 날, 그 안정적인 직장생활이 무료한 일상으로 다가오기 시작했다. 흔히 말하는 다람쥐 쳇바퀴 돌아가는 듯한 삶, 그것이 당시 내 삶과 다를 바 없어 보였다. 하루는 자재 단가를 조사하던 중 눈이 번쩍 뜨이는 좋은 일감이 눈에 들어왔다. 인도네시아의 '망고루'라는 나무와 조우하는 순간이었다. 망고루는 한국의 참나무처럼 단단한 나무로 참숯(hardwood charcoal)을 만드는 재료이기도 했다. 참나무와 차이가 있다면 가격이 저렴하다는 것이었다. 순간 한 가지 생각이 뇌리를 스쳤다.

'이것으로 장사를 해야겠다!'

이 나무를 수입하면 운반비, 통관료를 모두 포함해도 국내 참숯 판매 가격의 절반 정도면 충분할 것 같았다. 그래서 조금 더 늦기 전에 참숯 장사꾼으로 내 인생을 바꿔 보자 싶어 미련 없이 회사에 사표를 제출했다. 대학 선배인 부사장님은 "마흔을 앞두고 사표가 웬 말이냐?"면서 한창 자라는 자녀도 있는데 헛꿈 꾸지 말라고 조언하셨고, 고등학교 선배인 사장님도 다시 생각해 보라며 만류하셨다.

하지만 그때는 무슨 자신감인지, 나이 더 들기 전에 사장 한번 해봐야겠다는 야무진 꿈을 좀처럼 접을 수 없었다. 사람들의 만류를 뒤로하고 무작정 사표를 낸 뒤 출근을 하지 않았다. 그렇게 20일이 지나서야 사표가 수리되었다는 연락이 왔다. 그 아침은 특별했다. 기지개를 켜며 당당히 외쳤다.

"나도 오늘부터 김 사장이다!"

들뜬 마음으로 여느 때와 다름없이 조간신문을 펼치는 순간, 망치로 얻어맞은 듯한 충격에 휩싸였다.

"이게 뭐야? 아니겠지? 아닐 거야."

다시 눈을 비비고 신문을 들여다보았다. 그러나 1면 상단을 차지한 대문짝만 한 글씨가 나를 무너지게 했다.

'강원도 참나무 벌목 허가.'

강원도 산에서 자라는 나무들의 간격이 너무 촘촘해서 일조량이 부족할 정도인지라 농림부는 벌목할 필요가 있다

나의 오병이어

고 판단한 모양이었다. 그동안 나무 심기를 강조한 덕분에 조림 조성이 너무 잘된 탓에 이제는 벌목을 해야 할 상황이 된 것이다. 덕분에 숯 가격이 반으로 떨어졌다. 하루에 숯을 한 섬 쌓아 놓고 장사하던 고깃집들이 이제는 보란 듯이 두 섬, 세 섬씩 헤프게 쓰기 시작했다.

그렇게 사업 구상은 물거품이 되었다. 좋은 직장도 잃었으니 가족에게 뭐라고 말할지 암담했다.

"아빠, 회사 빨리 안 가? 나 학교 늦겠어."

상황을 모르는 둘째 딸은 문 앞에서 성화다. 아이를 학교에 데려다주고 나서 재취업이라도 해볼 요량으로 시내를 돌아다녔다. 그러나 나이 사십에 취업이 쉬울 리 만무했다.

재취업에는 실패했으나 전공을 살린 사업을 시작하기로 했다. 전기 열풍 건조기를 주문받아 제작하여 판매하는 제조업이었다. 자동차 선팅을 위해 필요한 열풍을 발생시켜 건조하는 장치를 말한다. 지금은 자동차 제조회사에서 이미 선팅을 해서 출고하지만, 당시에는 자동차 창문을 떼어 낸 뒤 스프레이 컬러 코팅을 하고 전기 열풍기 안에서 코팅된 창문을 구워 내어 차에 다시 끼워 넣었다.

전기과 출신답게 나는 선팅용 전기 열풍 건조기를 제작하여 마침내 자동차 인테리어 업체에 판매하기 시작했다. 하지만 겨우 한 대씩 파는 수준이어서 수주가 일정치 않아 사업의 고충이 무엇인지 충분히 절감하게 되었다.

가진 것을
전부 주라

어느 찌는 듯한 여름날, 자동차 선팅용 전기 열풍 건조기 한 대를 겨우 팔았다. 구매처인 자동차 인테리어 회사에서 내가 먼저 물건을 현장에 납품하면 전기 열풍 건조기 기계 대금을 지불하겠다고 했다. 용달 화물차에 무거운 기계를 싣고 현장으로 달려갔다. 하지만 회사에는 경리 직원 혼자 있었다. 기계를 받을 사람도, 기계 대금을 결재해 줄 사람도 없었다. 화물차만 먼저 돌려보낸 후 늦게까지 사장을 기다렸다가 겨우 100만 원을 수금할 수 있었다. 하지만 수금한 100만 원으로 결제할 일이 산더미 같아서 공장으로 돌아가는 내내 우선순위를 정하느라 머리가 복잡했다.

나의 오병이어

'이 돈으로 무엇부터 결제해야 할까?'

'급하게 필요한 것이 무엇이더라?'

'공장에 들여놓아야 할 자재랑 공구도 구입해야 하는데….'

'참, 집세도 밀려 있지. 우선 집세부터 지불하자.'

고민을 한 보따리 안고 공장 안으로 들어섰다. 그때 어느 낯선 사내가 전기용접을 하고 있는 작업자를 내려다보고 있었다.

"누구신가요? 무슨 용무로 오셨나요?"

그 사내는 나를 보며 반가운 표정으로 대답했다.

"아, 네. 김학재 집사님이시죠?"

"네. 그런데 누구신지요?"

"얼마 전에 오산리 기도원에 다녀오신 적 있으시죠?"

"네. 맞습니다."

"기도원 '사랑의 집'에서 집사님과 한 방을 썼던 김장우 전도사입니다. 옥천에서 목회를 하고 있어요. 그날 저는 아래층 침대를 썼고 집사님은 위층 침대에서 주무셨죠."

"아, 그랬던가요? 기억은 잘 안 나지만, 어쨌든 날도 더우니 목이나 축이며 말씀 나누시죠."

나는 2층 공장 사무실로 그를 안내한 후, 시원한 차를 대접했다. 고개를 숙이고 찻잔만 만지작거리던 그가 드디어 입을 열기 시작했다.

　　"저는 충청남도 옥천 탄광촌에서 골짜기마다 전도하러 뛰어다니며 교회를 어렵게 개척하고 있습니다. 1년에 쌀 두 가마니를 주기로 약속하고 작은 교회 건물을 겨우 빌려서 어렵게 한 사람씩 전도하고 있지요. 그런데 알고 보니 교회 건물을 빌려 준 집주인이 여호와의 증인 교인이었지 뭡니까. 그들은 어렵게 전도해 온 사람들을 꼬드겨 자기네 모임으로 데려가곤 합니다."

　　듣다 보니 이어지는 내용이 어느 정도 예상되었다. 이런저런 사정을 이야기하는 것을 보니 후원을 요청하는 것이 틀림없었다.

　　"요즈음에는 저희 가족이 사택으로 쓰고 있는 초가집에 강대상을 옮겨 놓고 거기서 예배드리는 처지가 되었어요. 방이 워낙 작아서 툇마루까지 끼여 앉아야 겨우 예배를 드릴 수 있는데, 툇마루 안으로 비가 들이치면 예배 중에도 이리저리 옮겨 다녀야 하고… 예배 분위기가 엉망이 됩니다."

　　그는 그제야 본론을 털어놓았다. 내 예상은 틀리지 않

　　　　　　　　　　　　　　　나의 오병이어

왔다.

"그래서 기도하던 끝에 초가집(1년에 쌀 두 가마를 주기로 하고 빌린 집) 마당에 작은 교회를 짓기로 결정했습니다. 그런데 마당 한가운데에 집주인이 심어 놓은 감나무를 피해 가면서 'ㄱ'자 모양으로 조립식 건물을 지어야 하는데요. 건축 비용이 백만 원 정도 필요하다고 하네요."

잠시 말을 멈춘 그는 내 눈을 슬쩍 쳐다봤다. 무슨 말을 하려는 건지 속이 빤히 보였다.

'내 주머니에 어렵게 수금해 온 돈 백만 원이 있지. 하지만 이건 쓸 곳이 이미 정해져 있어. 설마 이걸 내놓으라고? 안 되지. 절대 안 되지. 하나님, 이건 안 됩니다.'

마음을 단단히 먹었다. 입을 굳게 다무는 바람에 대화가 잠시 끊어졌다. 기 싸움을 하는 것처럼 침묵이 흘렀다. 아무 말 없이 눈을 반쯤 감고 마치 조는 것처럼 버티고 앉아 있었다. 결국 그가 먼저 입을 열었다.

"집사님, 바쁘신데 저는 이제 가볼까 합니다."

'아, 이제 됐다. 드디어 가는구나.'

눈을 번쩍 뜨고는 반갑게 인사했다.

"아, 네. 그러세요. 그럼 살펴 가세요."

혹시나 하는 생각 때문인지, 사무실 문을 향해 나가는 그의 발걸음이 꽤나 느렸다. 문손잡이를 잡고 나가려는 그때, 마음속 깊은 곳에서부터 울림이 있었다. 내 마음을 찌르는 듯한 영의 음성(Spiritual Voice)이었다.

'학재야, 저 전도사가 예수님이라면 네가 그렇게 모른 척할 수 있겠니? 지금 가만히 있는 너의 행동이 진짜 너의 속마음에서 나온 거 맞니?'

그 순간 양심에 찔렸다. 더 이상 입을 다물고 앉아 있을 수가 없었다. 그러면서도 마음 한편으로는 반드시 지불해야 할 일들이 떠올랐다.

'그 전도사만 돈이 필요한 게 아닌데… 나도 그 돈이 꼭 필요한데… 이 돈을 주면 밀린 집세랑 자재 구입비는 어디서 마련하나?'

이렇게 고민하고 있는데, 나도 모르는 사이에 의도치 않은 말이 나와 버렸다.

"전도사님, 잠깐만 기다려 보세요."

"네?"

앉으라는 말도 안 했는데 그는 기다렸다는 듯이 의자로 재빨리 돌아와 앉았다. 이내 그는 내 입술을 뚫어지게 쳐다보았다.

　　　　　　　　　　　　　나의 오병이어

"사실은 오늘 제가 거래처에서 딱 백만 원을 수금해 왔어요. 그런데 이 돈으로 처리해야 할 긴급한 일들이 참 많습니다. 그런데 전도사님 사정을 들으니 참 딱하네요. 지금 제 마음이 오락가락합니다. 이 돈은 현재 나에게는 피와 같지만 성전을 지으신다니 이 돈을 가지고 가서서 빨리 교회를 지으세요."

나는 안주머니에서 수금한 돈 봉투를 꺼냈다. 돈을 책상 위에 올려놓기도 진에 그는 내 손에 있는 돈 봉투를 잡고 말했다.

"아, 네. 알았어요. 감사합니다."

그는 고개 한 번 꾸벅하며 간단한 인사를 건네고는 잽싸게 돈 봉투를 빼앗듯 가져가 버렸다. 얼마나 다급했던지 뒤도 돌아보지 않고 문까지 열어 놓은 채 계단을 뛰어 내려갔다.

'아! 내가 계획했던 일은 이제 할 수 없게 됐구나.'

하지만 막상 돈을 주고 나니 직전까지 내 마음을 무겁게 누르고 있던 큰 고민이 사라져 버렸다. 망설이고 주저하던 마음이 사라지고 속이 후련했다. 좀 전에 내 마음에 울려 왔던 음성은 주님의 음성 같았다.

없는 중에도
나누라시니 나눕니다

그렇게 떠나간 김 전도사는 이후로 감사 인사는커녕
교회 공사 진행 상황도 일절 알려오지 않았다. 20여 일이 지
난 어느 날 낯선 전화 한 통이 걸려 왔다.

"안녕하세요. 여기는 충남 옥천입니다."

"네. 무슨 일이신가요?"

"혹시 김장우 전도사님이라는 분을 아십니까?"

"김장우 전도사님이요? 아, 네, 친한 사이는 아닙니다
만. 그분에게 무슨 일이 생겼나요?"

"그분이 계약금 백만 원을 들고 찾아와서는 '기증받은
땅 50평이 있는데 거기에 교회를 짓고 싶다'고 하셨어요. 마
침 저희가 공사 현장의 사무실을 철거한 후 남은 중고 패널
자재가 교회를 지을 만큼 남아 있어서 교회 공사를 빨리 진
행할 수 있었습니다."

"그러셨군요. 잘됐습니다."

감사 인사 정도로 생각했다. 하지만 이어지는 말은 내
예상을 완전히 빗나갔다.

"그런데….."

'그런데'라는 접속사가 나오자 갑자기 불안해지기 시작했다.

"그런데 그 전도사님이 그러시더라고요. 공사비 잔금은 서울에서 큰 사업을 하는 김학재 사장님이 처리해 주실 거라고요. 그래서 이렇게 전화드렸습니다."

"예? 뭐라고요?"

누가 뒤통수를 후려친 것처럼 머릿속이 멍했다. 파렴치한 전도사 같으니라구. 분노가 끓어올랐다.

'쥐구멍만 한 철공소가 큰 사업체라니! 집세, 공장 자재비도 포기하고 내어 준 돈을 날름 가져가더니 이제는 뻔뻔하게 공사 잔금까지 나더러 대라고! 그동안 전화로 공사에 대한 상의 한 번 없더니, 벼룩도 낯짝이 있다는데 이 사람은 정말 염치가 없구나!'

내 일조차 감당하기 힘든 어려운 현실 앞에서 나는 아무 말도 하고 싶지 않았다.

"난 그런 사람 모릅니다!"

단호하게 말하고는 전화를 끊어 버렸다. 머리끝까지 분노가 치밀어 올랐다. 분을 삭이지 못해 한참을 씩씩댔다. 그때 마음속에서 또다시 음성이 울렸다. 마찬가지로 주님의 음성으로 들려왔다.

'학재야, 너도 많이 힘들지? 하지만 그 전도사는 너 외에는 도움받을 만한 사람이 아무도 없어서 그랬을 거야. 얼마나 애가 타고 힘들었으면 체면 불구하고 그렇게까지 하면서 네게 손을 벌렸겠니.'

이번에는 그대로 따를 수 없었다. 주님께 나도 따졌다.

"주님도 제 형편 잘 아시잖아요! 그럼 저는요? 저는 어떻게 살아가라고요? 콧구멍만 한 공장 50평을 겨우 얻어서 입에 풀칠하기도 어려운 상황이에요. 일거리마저 가뭄에 콩 나듯 들어오는데 저보고 어쩌라고요? 주님도 너무나 잘 아시잖아요? 밀린 집세는커녕 생활비도 모자라서 매번 아내가 이웃집에 돈을 빌려 가면서 겨우 버티고 있단 말이에요."

그 시절 아내는 이웃집에서 돈을 빌릴 때마다 무안을 당해야 했다. 때로는 대놓고 핀잔을 들었다.

"찔끔찔끔 빌려 갔다가 금방 갚아 버리고, 또 찔끔찔끔 빌려 갔다가 금방 갚는 거 은근히 귀찮네요."

샐러리맨일 때는 들어 보지 않던 말이지 않은가. 아내의 하소연까지 떠올라 더더욱 도와주고 싶지 않았다. 그러나 주님은 물러서지 않으셨다.

나의 오병이어

'학재야, 만일 그 염치없는 전도사가 너에게 예수님이라면 어떻게 할 거니? 냉정하게 거절할 수 있겠니?'

이 질문에는 또 말문이 막혔다.

"허 참! 도대체 제가 어떻게 해야 하는 겁니까, 주님!"

한참 동안 책상 앞에 앉아 생각을 정리해 보았다. 내 믿음도 이젠 한계가 온 것 같았다. 일단 나는 꼼수를 써 보기로 했다.

'그래, 그럼 일단 공사 업체에 전화를 한번 걸어나 보자. 지금은 도와 줄 돈이 하나도 없다고 하자. 언제가 될지는 모르지만 조금씩 돈을 벌어 잔금을 갚으면 안 되겠냐고 해 보자. 그렇게 말하면, 분명 그들도 사업을 하는 사람들이니 안 된다고 할 거야. 그럼 나도 별수 없다고 하면 되겠지. 더 이상 관여하지 않겠다고 말하면서!'

하나님께는 약간 죄송하지만 내 할 도리는 다한 게 아닐까 싶었다. 곧바로 공사 업체에 전화를 걸었다.

"안녕하세요. 아까 통화했던 진우엔지니어링 김학재입니다. 죄송합니다만 지금은 공장 사정이 어려워서 공사비 잔금을 드릴 수는 없을 것 같습니다. 혹시 여러 달에 걸쳐 조금씩이라도 버는 대로 돈을 보내 드리면 어떨까요?"

보통 거래 관계에서 이렇게 이야기하면 거절부터 하거나 재촉하게 마련이다.

"그렇게 안 됩니다. 조금이라도 서둘러 주세요"라는 대답이 나올 거라 기대했으나 그들은 예상 밖의 대답을 건넸다.

"아, 네. 그렇게라도 해주시면 감사하겠습니다."

너무나 순순히 내 제안을 받아들이는 것이 아닌가!

"잔금을 다 갚는 데까지 1년이 걸릴 수도 있는데도요?"

"네. 알겠습니다. 감사합니다."

더 이상 할 말이 없었다. 그 전도사와 다시는 엮이고 싶지 않아서 수를 써보았는데 아무 소용이 없었다. 하는 수 없이 공사 비용을 감당하기로 마음먹고 조금씩 갚아 나가기 시작했다. 교회 공사 내용도 모른 채 내가 빌리지도 않은 돈을 갚아 나가야 하는 상황이 되었다. 그것도 사업이 극도로 어렵던 시절에 말이다.

하지만 하나님의 음성에 따른 일이었던 만큼 하나님이 해결해 주시리라 믿었다. 공사대금을 갚아 나가기 시작한 지 6개월 만에 잔금 300만 원을 모두 갚아 버릴 수 있었다.

물론 그 헌신을 통해 내 형편이 크게 나아진 것은 아니었다. 딱 잔금을 채울 정도였다. 인간의 시선에서 보면, 나에게 남는 것은 아무것도 없는 셈이었다. 하지만 그런 역할을 한 것은 은혜였다. 온전히 하나님이 하신 일이었다.

네 할 일은
여기까지다

얼마나 지났을까. 부산에 제품을 납품하고 서울로 올라오는 중에 문득 옥천에 들러 완공된 교회를 한번 보고 싶었다. 경부고속도로를 달리다가 옥천 IC로 진입하여 길을 여러 번 물어본 후에야 겨우 교회를 찾아냈다.

어렵게 그곳에 도착한 나는 교회 건물을 보고 놀라지 않을 수 없었다. 중고 샌드위치 패널로 대충 지은 교회가 아니었다. 교회 건물은 50평 부지 위에 반듯하고 단정하게 세워져 있었다. 예배실에는 노란 장판을 깔아 놓았는데 바닥의 수평도 잘 맞춰져 있었다. 그 위에는 방석이 듬성듬성 놓여 있었다. 교회 성도님들의 자발적인 수고와 섬김이 뒤따른 것 같았다. 잠시 교회 안을 돌아보고 있는데 누군가 나에게 다가와서 물었다.

"어떻게 오셨습니까?"

"아, 네. 저는 서울에서 온 김학재 집사라고 합니다. 혹시 김장우 전도사님 계신가요?"

"제가 이 교회의 담임목사인데요. 김장우 전도사님은 서울에 가셨습니다."

"그러면 언제쯤 오시나요? 지나는 길에 잠시 들렀는데 아쉽네요."

인사를 나누고 교회를 나서려는데 목사님이 따라나오며 조심스럽게 말을 꺼냈다.

"저… 집사님, 김 전도사님은 이 교회를 떠나셨습니다."

깜짝 놀라서 목사님께 물었다.

"네? 왜요?"

"사실은… 김 전도사님이 이 교회를 제게 넘기셨거든요."

도대체 무슨 말인지 이해할 수가 없었다.

"아니, 그게 무슨 말씀이세요? 교회를 넘기다니요?"

"제가 이 교회를 인수했습니다. 돈을 주고 산 거죠."

"네? 교회를 사요? 이게 어떻게 마련한 교회인데… 도대체 얼마에 사셨습니까?"

"천만 원에 샀습니다."

나의 오병이어

가격은 고사하고 교회를 팔고 산다는 것부터가 나에게 는 생소한 일이었다. 처음에는 도저히 믿을 수가 없었다. 어이가 없었다. 심지어 그 돈을 자기가 취했다니!

"어떻게 교회를 돈으로 거래할 수 있단 말입니까?"

목사님께 따져보기도 했지만 의미 없는 짓이었다.

'내가 어리숙해서 당했구나. 내가 소위 말하는 '봉'이 됐구나.'

서울로 올라오는 화물차 안에서 분노를 터뜨렸다. 하나님에 대한 원망도 멈추지 않았다.

'하나님, 공사비 잔금 갚느라 저와 제 가족과 직원들이 얼마나 고생했는지 아시잖아요. 개미같이 조금씩 돈을 모아 겨우 건축한 교회인데, 목회자라는 사람이 자기 양떼를 버리고, 아무 연락도 없이 주님의 몸인 교회를 팔아 치우고 사라져 버려도 되는 것입니까?'

씩씩대며 운전대를 잡고 있는데 마음속에서 이런 음성이 잔잔히 들려왔다.

'학재야, 성령 받은 베드로가 못 걷는 사람을 치유했던 것 기억나니? 그때 베드로가 돈을 받고 그 사람을 고쳐 준 것은 아니잖니?'

예수님의 제자 베드로와 요한이 날 때부터 걷지 못하던 사람을 고쳐 준 사건, 하나님이 그 본문을 떠올리게 하셨다(행 3:1-10). 걷지 못하는 거지가 바닥에 앉아 구걸하고 있고, 두 제자가 주님의 이름으로 그를 고치는 장면이 떠올랐다. 하나님은 말씀하셨다.

'베드로는 아무 대가 없이 받은 것을 베풀었다. 그런데 너는 너 혼자만 큰 손해를 본 것처럼 억울해하고 있구나. 처음 백만 원 헌금할 마음을 준 것은 네가 아니라, 나다. 네 손으로 교회 세우는 일을 감당할 수 있게 기회를 준 것도 나다. 너무 속상해하지 마라. 네가 해야 할 일은 여기까지다. 이 일은 이제 깨끗이 잊어버리고 김장우 전도사의 일은 전부 나에게 맡기렴. 그다음은 네가 상관할 일이 아니다. 너는 쓰임 받았을 뿐이란다.'

비로소 마음이 편해지기 시작했다.

'아 주님이 그분을 위해 하신 일을 내가 한 것으로 착각했구나.'

나를 속이고 사라져 버린 그 전도사에 대한 미움도 서서히 사라졌다.

'그래! 나는 주님의 도구일 뿐이고, 쓰임 받았을 뿐이야.'

나의 오병이어

공장에 도착할 즈음에는 마음이 안정되어서 '나는 그때 나를 찾아온 예수님을 대접했을 뿐이다. 내 할 일은 거기서 끝난 것이다'라고 정리할 수 있었다. 인간적인 감사 인사나 답례를 받기는커녕 황당한 소식을 접했을 뿐이지만 내가 상관할 바 아니었다. 내가 이 일을 통해 쓰임 받았으면 된 것이었다. 하나님께 쓰임 받는 은혜, 그것은 세상이 말하는 은혜 그 이상의 것이었다.

오늘 하나님과
만나는 영광을 얻기만 한다면

톨스토이 단편소설 〈사랑이 있는 곳에 신이 있다〉에 등장하는 이야기가 생각난다. 착하고 성실한 제화공 마르틴은 아내를 떠나보낸 데 이어 2명의 자식마저 보냈다. 최근에는 하나 남은 막내아들마저 병으로 세상을 떠났다. 그는 술에 빠졌고 그의 인생은 절망에 잠겼다. 남은 소원이라고는 빨리 죽어서 먼저 간 가족을 보는 것이었다.

그러던 어느 날 그는 우연한 기회에 성경을 읽기 시작했다. 예수 그리스도의 삶에 감동받았고, 결국 예수 그리스도를 만남으로써 새로운 희망을 찾았다. 그는 말씀 속에서 힘을 되찾기 시작했다.

어느 날 성경을 읽던 중 그는 잠깐 잠이 들었다. 그때 하나님의 목소리가 들렸다.

"마르틴, 내가 내일 찾아갈 테니 창밖을 보아라."

다음 날 마르틴은 하루 종일 창밖을 살폈다. 찾아오시겠다 약속하신 하나님을 기다렸다.

'하나님이 언제 오시려나….'

아무리 기다려도 오신다던 하나님은 오지 않고 창밖에서 늙은 청소부가 눈을 흠뻑 맞은 채 눈이 쌓여 가는 마당을 쓸고 있었다. 마르틴은 그를 가게 안으로 들어오라고 하여 따뜻한 차를 대접했다. 청소부를 내보내고 두 시간가량 지나서 창밖을 보니 눈보라 속에서 아기를 안고 떨고 있는 여인이 보였다. 그 여인과 아기를 가게 안으로 다시 맞아들였다. 그리고 옷과 먹을거리를 내어 주었다. 또 시간이 흘러 해가 질 무렵, 창밖을 보니 사과를 파는 늙은 노파가 사과 한 개를 훔친 소년을 붙잡은 채 야단을 치고 있었다. 마르틴은 밖으로 나가서 소년이 잘못을 사과하게 하고, 사과 값을 대신 갚아 주었다. 그리고 노파가 소년을 용서토록 권유하고, 훔친 사과는 소년의 손에 쥐어 주었다.

마르틴은 가게 문을 닫고 집으로 돌아왔고 성경을 읽다가 잠이 들었다. 꿈에서 자신이 낮에 대접했던 사람들이 등장했다. 늙은 청소부, 아기 안은 여인, 노파와 소년이 나타나 미소를 지었다. 그리고 하나님의 목소리가 들렸다.
"마르틴, 네가 오늘 만난 사람들이 바로 나였다. 너는 나를 대접한 것이다."
마르틴은 꿈에서 깨어나 펼쳐져 있는 성경을 보았다.

내가 배고플 때 먹을 것을 주었고 내가 목마를 때 마실 것을 주었으며 내가 나그네 됐을 때 나를 맞아들였다. 내가 헐벗었을 때 옷을 입혀 주었고 내가 병들었을 때 돌봐 주었으며 … 내 형제들 중 가장 보잘것없는 사람에게 한 것이 곧 내게 한 것이다 마 25:35-40, 우리말성경

사람들은 하나님을 찾기 위해 예배당에도 가고 산에 올라가 기도도 한다. 하지만 내가 삶에서 마주하는 사람들이 곧 하나님과의 만남이 되기도 한다.
그렇게 하나님과 마주하는 순간을 얻었다면, 오늘 하

루 누군가와의 만남을 통해 하나님과 만날 수 있다면, 우리의 하루는 더할 나위 없이 완벽한 믿음의 삶으로 마무리되지 않을까?

우리가 어떠한 일로든 간에 하나님과 만났으면 그보다 더한 은혜는 없을 것이다. 나를 찾아오신 예수님을 대접했으면 그것만으로도 나는 더없는 영광을 누린 것이다.

라흐만의 아픔이
내 아픔이 되어

라흐만(Rahman)이라는 인도인 근로자를 알게 되었다. 그의 업무는 자동차 알루미늄 바퀴(wheel)를 기계로 깎는 일이었다. 그러다 당뇨병이 심해져서 발이 아파 공장에 나가지 못하게 되었다. 엎친 데 덮친 격으로 발가락이 썩어 두 개를 잘라야 했다. 의사는 발가락 두 개를 잘라 내지 않고 방치하면 다리까지 절단해야 할지도 모른다고 했다.

병원에 가보니 상태가 생각보다 심각했다. 라흐만이 붕대를 풀어 보여 주는데, 엄지발가락과 두 번째 발가락이 이미 시커멓게 썩어 있었다. 의사의 진단과 권고에도 불구하고 라

나의 오병이어

흐만은 발가락 절단을 거부한 채 병원을 퇴원해 버렸다.

뜨거웠던 어느 여름, 라흐만을 다시 만난 것은 외국인 공동 숙소에서였다. 라흐만은 이층 침대에서 선풍기 하나만을 의지한 채 불볕더위를 버티고 있었다. 그가 누운 침상은 발이 썩는 냄새와 땀 냄새가 뒤섞여 코를 찔렀다.

그에게 필요한 것은 위로의 말이 아닌 기도였다. 나는 붕대를 감은 그의 발 위에 손을 얹고 기도했다.

"주님, 제게는 아무런 힘과 능력이 없다는 것을 주님은 잘 아시지요. 하지만 지금 제가 할 수 있는 것은 이 다리가 낫기를 위해 기도하는 것뿐입니다. 오늘도 살아서 역사하시며 치료하시는 예수님! 병으로 고통받는 라흐만을 불쌍히 여겨 주시옵고 이 시간 이 자리를 기억해 주옵소서. 라흐만이 온전한 몸으로 예전처럼 일도 하고 건강하게 살아갈 수 있도록 치료해 주시옵소서."

한참을 간절하게 기도한 뒤에 눈을 떠보니 내 모습도 엉망진창이었다. 땀 냄새와 살이 썩는 냄새가 옷에 밴 데다 얼굴은 눈물과 콧물로 범벅이 되었다. 하지만 기분은 상쾌했다. 하나님이 우리의 기도를 들으시고 라흐만을 치료하실 것이라는 믿음이 생겼기 때문이다.

문제는 그날 이후 내 몸 상태였다. 기도할 때 라흐만의 발을 붙잡았던 팔이 더 이상 구부러지지 않았다. 펴진 상태로 뻣뻣하게 굳어 버린 팔을 보니 당황스러웠다. 처음엔 일시적일 것이라 생각했다. 기진맥진할 정도로 기도했으니 그럴 수도 있겠다 싶었다. 하지만 다음 날도 그다음 날도 팔은 구부러지지 않았다. 그렇게 일주일이 흘렀다.

'팔이 원래대로 돌아오지 않으면 어떡하지?'

걱정이 되었지만 하나님이 내게 원하시는 것이 있을 거란 생각이 들었다. 와중에도 라흐만을 위한 기도를 계속했다. 막상 팔이 마비되는 경험을 하고 보니 더 간절히 기도하게 되었다. 발이 썩어 가는데도 치료도 받지 못하고 일도 할 수 없는 라흐만의 심정이 얼마나 고통스러울까 더욱더 절감되었다. 겪어 보지 않으면 모를 일이었다. 하나님은 낙심 가운데 있는 라흐만의 마음을 진심으로 공감하도록 하셨다.

'이제껏 다른 사람을 위해 기도한다고 하면서 그 사람의 마음과 상태를 진심으로 헤아려 본 적이 있었던가? 그들이 겪는 절망과 고통을 내 것으로 여기며 기도한 적이 몇 번이나 될까?'

나의 오병이어

팔이 굳는 경험을 통해 성령님은 특별한 깨달음을 허락하셨다. 남을 위한 기도를 진정으로 하려면 그가 겪고 있는 고통도 함께 공유해야 한다는 것을 깨달은 것이다.

네 몫은
딱 여기까지야

"라흐만, 다리는 좀 어때?"

얼마 후 다시 라흐만을 찾았다.

"지난번에 엘더 킴이 기도해 줘서 많이 괜찮아졌어요. 고마워요. 하지만 아무래도 병이 완전히 나으려면 조용기 목사님의 기도를 받아야 할 것 같아요. 제발 조용기 목사님 좀 만나게 해줘요. 그 목사님 기도를 받으면 깨끗하게 나을 것 같아요."

예수님이 이 땅에 오셨을 때 수많은 병자가 치유를 위해 예수님을 찾아왔다. 예수님은 그들의 믿음에 주목하셨고, 그 믿음에 대한 응답으로 병을 낫게 하셨다.

예수께서 돌이켜 그를 보시며 이르시되 딸아 안심하라 네

믿음이 너를 구원하였다 하시니 여자가 그 즉시 구원을 받으니라 마 9:22

예수께서 대답하여 이르시되 여자여 네 믿음이 크도다 네 소원대로 되리라 하시니 그때로부터 그의 딸이 나으니라 마 15:28

예수께서 그들의 믿음을 보시고 중풍병자에게 이르시되 작은 자야 네 죄 사함을 받았느니라 하시니 막 2:5

가라 네 믿음이 너를 구원하였느니라 하시니 그가 곧 보게 되어 예수를 길에서 따르니라 막 10:52

예수님이 낫고자 하는 그들의 믿음을 먼저 알아보고 그들을 고쳐 주셨듯이, 라흐만에게도 그런 믿음이 있었던 것 같다. '하나님이 조 목사님의 기도를 통해 내 병을 고쳐 주실 것이다'라는 확신이 있었던 것 같다.

주일에 라흐만을 데리고 여의도순복음교회 조용기 목사님 비서실로 갔다. 그곳에는 이미 여러 사람이 안수기도를 받기 위해 줄을 서서 기다리고 있었다. 그들의 가슴에는

나의 오병이어

자기 이름과 소원이 적혀 있었다. 장소가 좁은 관계로 나는 이름과 병명을 써주고, 밖으로 나와서 그를 기다렸다. 한참이 지나 라흐만이 목사님의 기도를 받고 나왔다.

"라흐만, 목사님이 기도하면서 뭐라고 말씀하셨어?"

"'풀 힐, 풀 힐(full heal)'이라고 기도해 주셨어요."

"발은 지금 어때? 정말 다 나은 것 같아?"

그는 활짝 웃으면서 대답했다.

"그럼요. 이제 다 나았어요!"

그와 함께 식사한 뒤 그를 숙소로 데려다주면서 이렇게 부탁했다.

"라흐만, 이번 주일에는 꼭 교회에 나와서 함께 예배드리자. 알았지?"

"네. 알았어요."

그는 자신 있게 대답했다. 돌아오는 주일, 나는 건강을 되찾은 라흐만을 보게 되기를 기대하며 기다렸다. 진심으로 그가 보고 싶었다. 하지만 라흐만은 예배에 오지 않았다. 그 다음 주일에도 나타나지 않았다. 다시 돌아온 월요일, 라흐만에게서 전화가 왔다. 반가운 마음에 속사포처럼 질문을 쏟아 냈다.

"라흐만, 그동안 잘 지냈어? 몸은 좀 어때? 다 나은 거야? 교회는 왜 안 나왔어? 이번 주일에는 교회에 올 수 있는 거지?"

그는 밝은 목소리로 이렇게 대답했다.

"엘더 킴, 내 발 다 나았어요. 그동안 고마웠어요. 땡큐. 그런데 나 내일 고향으로 돌아가요. 바이바이."

라흐만과 짧은 통화를 마치고 나서 왠지 모르게 마음이 복잡해졌다. 그가 치유받아 건강한 모습으로 가족에게 돌아가는 것은 감사하지만 한편으로는 아쉽고 섭섭했다.

'그렇게 안 봤는데 그 사람 참 냉정하네. 귀국할 땐 귀국하더라도 마지막으로 교회에 와서 예배도 드리고 동료 친구들과 인사하고 헤어지면 얼마나 좋아?'

그때 나지막한 주님의 음성이 들렸다.

'학재야, 라흐만이 그렇게 떠나 버려서 네 마음이 많이 섭섭한 모양이구나. 하지만 네가 해야 할 일은 거기까지란다. 너는 딱 그만큼만 감당하면 되는 거야. 너는 이 과정에서 쓰임 받았잖니?'

주님의 말씀이 옳았다. 내 몫은 딱 여기까지였다. 나머지는 주님이 그분의 뜻과 마음에 따라 행하실 것이었다. 서운해할 일이 아니었다. 그를 위해 시간과 열정을 쏟은 것을

억울해할 필요가 없었다. 한 영혼을 위해 쓰임 받았다는 것,
그 자체가 축복인 것이다.

2장

그릇된 생각과
올바른 판단

하나님은 나를 이끄신다.

가장 올바른 방법으로

가장 정직한 방법으로

나를 이끄시고 지켜 주신다.

그리고 그 가운데서

하나님의 방법을 배워 가길 원하신다.

예수님을 닮아 가길 원하신다.

우리가 하나님의 뜻을 온전히 붙드는 순간,

우리는 더 이상 염려할 것도, 긴장할 것도 없다.

그 이후로는 온전히 주님께서 일을 이루어 가신다.

내 방법을 버리고 하나님의 방법을 붙든 이에게

하나님은 세상이 감당치 못할 방법으로 역사하신다.

그때부터 나는 쓰임 받는 도구로서 하나님께 영광을 올려드릴 뿐이다.

자동차 선팅용 전기 열풍 건조기를 제작하던 때의 일이다. 수주가 일정하지 않아서 사업이 안정되지 않았다. '지속적으로 판매가 가능한 제품에는 어떤 게 있을까?' 고민하던 중 외국 카탈로그에서 팬코일형 스팀 온풍기를 보게 되었다.

'스팀 코일 히터를 떼어 내고 그 자리에 전기히터를 넣어 보면 어떨까? 열원 자체를 바꾸어 제작한다면 국내에서 처음으로 전기 온풍기를 개발하는 게 되겠지?'

결심이 서자 시제품으로 전자동 전기 온풍기를 만들었다. 국내 최초의 시도였다. 다행히 시제품을 내놓자마자 수주가 들어왔다. 서울 도봉구에 위치한 한일병원(한전병원)에 5대를 납품하게 되었다.

납품했다는 기쁨도 잠시, 납품한 지 3일 만에 온풍기가 타 버렸다는 연락을 받았다. 현장에 달려가 보니 조작 패널이 과열되어 모두 녹아내린 상태였다. 일반 약전류 부속 자재를 사용한 것이 문제의 원인이었다. 당시 국내에는 대전

류를 견디는 부속품이 생산되지 않았던 탓에 용량은 좀 부족하나 편리성이 좋아 어쩔 수 없이 사용한 부품이었다. 우려했던 일이 실제로 벌어지자 눈앞이 캄캄했다. 납품된 모든 기계를 회수해서 충분한 시험을 거친 후 완벽하게 고쳐서 다시 납품하는 길밖에는 답이 없었다. 그러나 담당 직원에게 온풍기 반출을 요청했더니 단번에 거절당하고 말았다.

"상사가 새 제품을 수리하려고 반출한 것을 알면 큰일납니다. 운전이 정상으로 될 때까지 그냥 여기서 고쳐 주세요."

그는 공장으로 가져가서 수리하는 것을 절대로 허락하지 않았다. 어쩔 수 없이 청계천에서 부속품을 사서 급하게 수리를 마쳤다. 하지만 수리한 온풍기가 제대로 운전되는지 마음에 걸렸다. 공장으로 향하던 차를 세우고 병원으로 전화해 기계 상태를 확인했다.

"온풍기를 납품한 회사인데요. 1시간 전에 수리한 온풍기가 지금은 잘 돌아가고 있습니까?"

전화를 받은 직원이 볼멘소리로 대답했다.

"잘되긴 뭐가 잘돼요! 수리하고 간 지 얼마 안 돼 '뻥' 소리가 나더니 전원이 꺼졌어요. 냄새도 많이 나요. 얼른 와

나의 오병이어

서 다시 고쳐 주세요!"

청계천에서 자재를 다시 구매하여 병원에 돌아왔다. 사실상 재수리한다고 해서 해결될 일이 아니었다. 새로운 자재를 찾기 전에는 완전한 수리가 불가능했다. 눈앞이 캄캄했다.

'아, 나는 왜 완벽한 자재도 없이 이런 기계를 만들어서 이 고생을 하고 있는 걸까?'

지금으로선 일단 기계를 공장으로 가지고 가는 것이 최선이었다. 하지만 병원은 반출이 불가능하다고 고집을 부렸다. 진퇴양난이었다.

'온풍기를 공장으로 가지고 가서 수리할 수도 없고, 여기선 아무리 고쳐도 해결이 안 되고…. 그냥 이대로 돌아가 버릴까?'

순간 그릇된 생각이 밀려왔다.

'공장을 시작한 지도 얼마 안 됐고 시제품 만든 것이 문제가 된 거잖아? 골치 아픈데 전화번호도 바꿔 버리고 그냥 회사 간판을 내려 버리면 어떨까? 다른 이름으로 공장을 다시 시작하면 되지 않을까?'

이보다 더 간편하고 손쉬운 방법이 없어 보였다. 하지

만 그것은 비겁한 방법이었다. 나 자신을 속일 수 있어도 하나님을 속일 수 없었다. 언제 어디서든 하나님은 나를 지켜보고 계셨다.

잠시 가졌던 불순한 마음을 돌이키고 기계를 끝까지 고쳐 보기로 마음먹었다. 다른 일은 다 제쳐두고 이 문제를 우선으로 확실하게 해결하기로 결정했다.

일단 온풍기를 병원에서 철수하여 공장으로 가지고 가는 방법을 고민했다. 제품을 완벽하게 고치기 위해서라면 어쩔 수 없었다. 함께 간 직원과 비밀 작전을 펼쳤다. 응급실 앞 풀밭에 앉아서 직원과 간호부가 응급실 밖으로 나오는 틈을 노리기로 한 것이다. 밤 12시경 드디어 기회가 왔다. 야근을 위한 야식 시간이었는지 하얀 가운을 입은 간호사들이 응급실에서 우르르 빠져나왔다.

"이때다!"

얼른 응급실로 들어가 온풍기 다섯 대의 전원 케이블을 모두 끊어 버린 후 재빨리 차에 실었다. 그러고는 냉큼 공장으로 돌아왔다. 아무리 우리가 만든 물건이라지만 납품한 물건을 주인의 허락도 없이 들고 나온 것은 분명한 절도 행위였다. 하지만 이 방법밖에는 없었다. 마음 한구석이 불

나의 오병이어

안했지만, 고치는 게 급선무였다.

'담당자가 온풍기가 사라졌다는 사실을 알고 경찰에 신고하면 어떻게 하지? 병원에서 전화가 오면 뭐라고 대답해야 하지?'

사태를 잘 수습하려면 무슨 수를 쓰더라도 아침까지는 온풍기를 완벽히 고쳐 놓아야만 했다. 밤새도록 온풍기 수리에 매달렸지만 도무지 고칠 수 없었다. 어느덧 날이 밝아오고 있었다.

공장의 모든 전화를 내려놓고 온풍기 수리에 매달렸다. 그러나 같은 현상만 반복될 뿐이었다. 그렇다고 이대로 포기할 수는 없었다. 집에 들어가는 것도 포기하고 일주일 동안 밤낮으로 온풍기와 씨름을 했다.

오직
하나님의 방법으로

일주일이 지나갈 무렵이었다. 밤새 온풍기를 수리해 놓고 그대로 쓰러져 잠이 들었다 아침의 밝은 빛을 느끼며

49

일어났는데 몸이 따뜻했다. 그 순간 눈이 번쩍 떠졌다. 그때까지는 온풍기를 수리해도 30분을 넘기지 못하고 타거나 패널이 녹아 버렸는데 이번에는 멀쩡했다. 밤새도록 아무 이상 없이 제대로 돌아가고 있었던 것이다.

하루 종일 가동시켰지만 문제가 없었다. 심지어 전자동으로 변환해서 운전해도 잘 돌아갔다. 수리가 완료되었다는 확신은 들었지만 혹시나 하는 마음에 온풍기를 쓰러뜨려 보기도 하고 던져도 보았다. 아무 이상 없이 잘 작동하자, 온풍기 5대를 신속하게 같은 방법으로 전부 수리했다.

온풍기 다섯 대를 병원으로 가져가서 전원 케이블을 연결하고 있는데, 아니나 다를까 담당 직원이 달려왔다. 노발대발하면서 그가 내민 것은 공문 서류였다. 경찰서에 보내기 위해 결재까지 끝난 온풍기 도난신고 서류였다.

"이 양반아! 도대체 당신이 무슨 짓을 한 건지 알고 있어요? 당신 때문에 내 목이 날아갈 뻔했다고! 고친다고 말하고 나서 가져갔어야죠!"

조금만 늦게 왔어도 도둑으로 몰릴 판이었다. 나는 고개를 떨어뜨린 채 납작 엎드려 용서를 빌었다.

"정말 죄송합니다. 국내에 없는 부속을 개발해서 수리

　　　　　　　나의 오병이어

하느라 그렇게 되었습니다. 이제는 절대로 고장 나지 않을 겁니다. 만약 또다시 문제가 생기면 제가 모두 변상해 드리겠습니다."

가까스로 달래 놓고 돌아왔다. 문제가 생기면 변상하겠다는 약속을 하고 돌아왔으나 30여 년이 지난 지금까지 단 한 건의 고장 신고나 AS 수리 요청이 들어오지 않았다.

그날 병원 일을 어렵게 마무리하고 돌아오는 차 안에서 곰곰이 생각해 보았다. 내 양심과의 싸움에서 이긴 것은 다행이나, 앞으로가 문제였다. 이번 병원 건을 해결하느라 진을 빼서인지, 온몸에 피로가 몰려오면서, 앞으로 온풍기 수주 방향이나 제조공장을 운영해 나갈 일이 까마득했다.

'이렇게까지 고생하며 살아야 하나?'

잘 다니던 직장을 그만둔 것이 그때처럼 후회된 적도 없었다. 제작 과정의 문제는 해결되었다지만 미래가 보이지 않았다. 요 며칠 힘들게 고생한 것이 아무 소득도 없는 것 같아 설움이 북받쳐 올랐다.

'하나님, 너무 힘들어요! 도와주세요!'

공장으로 다시 돌아와 마음을 다잡고 작업을 시작했다. 그나마 완벽하게 수리했다는 사실은 감사한 일이었다.

완벽한 수리 방법에 의거해서 전자동 전기 온풍기를 새롭게 제작해 보았다. 이때 남모를 위로를 느꼈다. 고생한 것에 대한 값진 위로라고나 할까.

새롭게 완성한 온풍기를 들고 사당역으로 무작정 나갔다. 사당역 지하 역사 안에 있는 서울지하철 변전소 사무실이 보였다. 나는 출입문 옆에 비닐 캡으로 포장한 온풍기를 내려놓고는 슬그머니 돌아왔다. 온풍기 위쪽에는 연락처와 쪽지를 남겼다.

"국내 최초로 개발한 전자동 전기 온풍기입니다. 필요하신 분은 아래 번호로 연락해 주십시오."

별다른 기대를 하고 시도한 일은 아니었다. 죽을 고생으로 만든 기계를 누군가가 알아봐 주기를 바라는 마음이 컸다. 온풍기에 손을 얹고 하나님께 이렇게 기도하기도 했다.

"주님, 보셨죠? 제 마음 아시죠? 좀 도와주세요."

일주일 정도 지났을까. 서울지하철 설비부에서 전화가 왔다.

"여기는 서울지하철입니다. 진우엔지니어링입니까?"

"예. 맞습니다만."

"혹시 귀사에서 저희 변전소 사무실 입구에 전기 온풍기를 갖다 놓으셨나요?"

'아뿔싸! 무단으로 물건을 갖다 놓아서 문제가 되었구나!'

정신이 번쩍 들었다.

"아, 네. 저희가 갖다 놓은 것인데요. 곧 치우겠습니다. 불편하게 해드려서 죄송합니다."

그런데 수화기 너머에서 뜻밖의 대답이 들려왔다.

"아, 그게 아니고요. 저희가 온풍기를 혹시나 해서 사용해 봤는데요. 쓰기 괜찮은 것 같아 전화 드린 겁니다. 저희 쪽에 한번 들어오셔서 전기 온풍기에 대한 기술 미팅을 함께 했으면 합니다. 더 좋은 제품으로 사용하기 위해서입니다."

드디어 우리 온풍기를 사용하고 싶어 하는 고객이 나타난 것이다. 전화를 끊고 나서 어찌나 기쁘던지 말로 표현하기 힘들 정도였다. 온 직원이 함성을 질렀다.

다음 날 아침, 서울지하철 설비부를 찾아갔다. 설비부 기술팀과 미팅이 끝난 후 제안을 받았다.

"저희는 지하철 안에서 기름 온풍기를 쓰고 있습니다.

귀사에서 만든 온풍기는 냄새도 안 나고 공기 중의 산소도 태우지 않아 괜찮을 것 같으니 견적을 부탁드립니다. 그리고 견본으로 2대만 더 만들어 주십시오."

돌아오자마자 작업에 매진했다. 정성껏 2대를 만들어서 보냈다. 놀랍게도 곧바로 5대를 더 만들어 달라는 연락이 왔다.

우리가 5대를 더 만들고 있는 사이에, 8대를 더 만들어 달라는 연락을 받았다. 아직 정식 계약도 맺기 전인데 서울 지하철 본부에서 이미 좋은 반응을 얻고 있었던 것이다. 역마다 부서마다 자기 부서에서 전기 온풍기를 먼저 사용하고 싶다는 요청이 쇄도했다.

주문량은 계속 늘어났다. 20대, 50대, 80대… 서울지하철에서 우리와 수의계약(독점 주문)을 맺고 싶다고 했다. 우리 온풍기가 조용하고 연기도 나지 않아 사용하기에 적합하다고 판단한 것이다. 무엇보다 지하철 내의 폐쇄된 공간에서 산소 손실이 없다는 점이 매우 매력적이었다.

"하나님, 감사합니다. 감사합니다!"

감사기도가 연신 터져 나왔다.

주문량이 너무 많아 나중에는 작업 공간이 모자랄 지경이 되었다. 결국 철판으로 제품 케이스를 만들고 히터와 전기 자재와 모든 시험기구를 실어 우리 회사에 납품하고 있는 구리 지역 판금공장과 개봉동에 있는 철가공 판금공장으로 직원과 함께 보냈다. 철 케이스가 나와서 도장이 끝나면, 그 자리에서 온풍기를 직접 조립하여 납품 장소로 바로 납품해 주는 방식을 취한 것이다.

당시는 물품 대금으로 어음을 주는 경우가 많았다. 현금이 필요하면 어음을 할인해서 현금화하는 것이 일반적이었다. 그러나 서울지하철 같은 공기업에서는 현금으로 결제해 주었다. 덕분에 원자재를 구입하고 인건비를 지급하는 데 유리했다.

믿어지지 않을 만큼 일이 잘 풀리자 기쁜 마음을 가눌 길이 없었다. 이후로도 우리 온풍기가 좋다는 소문이 나서 주문 전화가 쇄도했다. 납품 수량이 100대를 넘어섰을 때는 조달청이 서울지하철을 대신하여 일괄 구매를 진행했다. 물론 다른 경쟁사가 없으니 언제나 낙찰은 떼어 놓은 당상이었다.

'만약 한일병원의 온풍기가 고장 났을 때 온풍기 수리를 포기했다면 어땠을까? 공장 간판을 내리고 회사 이름을 바꿔 달고, 전화번호도 변경했으면 어찌되었을까?'

그때 그릇된 판단을 했다면 이런 좋은 날은 오지 못했을 것이다. 꼼수나 편법을 구하지 않고 하나님 한 분만을 바라보고 양심이 시키는 대로 하나님을 기쁘시게 하였더니, 하나님께서는 그분의 방법대로 이끌어 주셨다.

우리 인생은 좋은 일과 나쁜 일이 늘 겹쳐서 온다. 돈이 많이 벌리면 아내가 아프거나, 새집 사서 왔더니 자녀들의 등굣길이 멀어지거나 한다. 좋은 일이 있으면 슬픈 일이 따라온다. 그러나 좋은 일이나 나쁜 일이나 우리는 항상 주님께 감사해야 한다. 하나님은 우리의 죄를 대속하기 위해 당신의 아들까지도 내어주셨다. 예수님은 십자가에서 단번에 몸이 찢기고 피를 흘리셨다. 하나님은 우리 죄를 용서해 주시고 구원까지 선물로 주셨다. 또한 성령님을 우리에게 보내 주셔서 우리의 기도를 들어주신다. 이러한 사실을 생각하면 언제나 어디서나 감사가 넘칠 수밖에 없다.

직장생활을 잘하다가 평범한 생활이 싫증났을 때, 나만의 사업을 하고 싶었을 때 내가 신뢰한 것은 나 자신의 안목과 수완이었다. 정말로 내가 하면 잘할 것 같았다.

모세도 처음에는 나처럼 자기 능력만 믿고 꿈을 꾸다

나의 오병이어

가 낭패를 보았다. 출애굽기 1-2장을 보면, 모세는 이스라엘 사람으로 태어났으나 하나님의 섭리하에 이집트 공주의 양자가 되었다. 그는 성인이 될 때까지 당대 최고의 학문을 공부했고, 박식하고 똑똑한 실력자로 왕궁에서 성장했다. 그러나 그는 자신이 이스라엘 민족 출신이라는 정체성 때문에 같은 민족을 괴롭히는 이집트 감독관을 죽이고 말았다. 자신의 민족을 이집트로부터 해방시키려는 비전도 갖고 있었으나 비전을 펼쳐 보이기도 전에 동족에게 외면당하고, 비참히 도망 다니는 신세가 되고 말았다.

그는 왜 실패했을까? 무엇이 문제였나? 모세와 나는 둘 다 자아가 살아 있었다는 공통점이 있다. 자기 자신을 하나님보다 더 신뢰했다. 하나님을 믿으면서도 여전히 자신을 위해 살아갔다. 그러다 보니 사업을 해도 나 자신을 출발점으로 삼아 나아가는 길밖에 없다고 생각했다.

나중에야 깨달았다. 하나님이 길을 열어 주시지 않으면 나는 아무것도 할 수 없음을! 그제야 이런 고백이 흘러나왔다.

"주님, 저는 아무것도 아닙니다. 저 혼자서는 절대로 아무것도 할 수 없어요. 주님, 저의 사업을 도와주세요."

네 길을 여호와께 맡기라 그를 의지하면 그가 이루시고 네
의를 빛같이 나타내시며 네 공의를 정오의 빛같이 하시리로
다 시 37:5-6

그렇게 내 자아를 버리고 하나님께 온전히 의지하자,
길이 열리기 시작했다. 하나님의 방법을 붙들자 하나님이
내 손을 잡고 인도하시기 시작했다. 내 인생길에 하나님의
빛이 강력하게 비추기 시작했다.

나아만 장군의
인생 변곡점

처음 이 사업을 시작하던 그때가 내 인생의 중요한 변
곡점이었는지 모른다. 아마 그 변곡점에 놓인 상황에서 내
마음대로 움직였다면 당장은 쉽게 위기를 넘겼을지 모르나
이후 은혜와 감사의 순간들을 맞이하지는 못했을 것이다.

아람(시리아)의 장군 나아만도 마찬가지가 아니었을까?
그는 남들이 부러워할 만한 요건을 모두 갖춘 사람이었다.

나의 오병이어

한 나라의 군대장관 즉 오늘날로 말하면 국방부장관으로서 왕의 최측근에게 주어지는 특권을 누렸고, 조국을 큰 위기에서 구했다는 업적으로 '크고 강한 용사'라는 명예도 얻었다.

하지만 어느 날 갑자기 찾아온 불청객이 나아만의 모든 것을 한방에 무너뜨렸다. 그것은 바로 나병(한센병)이었다. 나병은 살이 썩어들어 가는, 당시엔 치료 불가능한 불치병이었다. 더구나 모두가 기피하는 까닭에 강제로 격리당해야 했다. 그러므로 당시에 나병에 걸렸다는 것은 말 그대로 신체적, 정신적, 사회적 사형선고를 받은 것이나 다름없었다. 나아만에게 찾아온 불청객은 그를 정상의 자리에서 한순간에 나락으로 떨어뜨렸다.

그러던 어느 날, 이스라엘 출신의 여종이 "우리나라에 엘리사라는 아주 능력 있는 선지자가 있는데, 그 사람이라면 장군의 나병을 고칠 수 있을 것입니다"라고 말했고, 나아만은 그 즉시 선지자에게 드릴 최고급 선물을 챙겨서 이스라엘로 출발했다. 지푸라기라도 잡고 싶은 심정이었던 것이다. 그럼에도 그는 기선을 제압하겠다는 듯이 수많은 군사를 거느리고 엘리사의 집에 도착했다.

하지만 무엇 때문인지 선지자는 보이지 않고 대신 하인이 와서 "요단강에 가서 일곱 번 몸을 씻으라" 하고는 돌아갔다. 나아만은 무시당했다는 생각에 모욕감을 느꼈고, 분노를 터뜨리며 돌아가려 했다. 그때 부하들이 그를 간신히 붙잡고 이렇게 말했다.

"장군! 설마 선지자가 속임수를 쓰겠습니까? 이왕 이곳까지 왔으니 그가 시키는 대로 한번 해봅시다. 그래도 병이 안 나으면 그때 가서 화를 내도 충분하지 않겠습니까?"

나아만이 차분히 생각해 보니, 여기까지 요란하게 찾아온 것이 부끄럽기도 하고, 밑져야 본전이니 선지자의 말을 믿어 보자 싶었다. 그리고 요단강으로 가 일곱 차례 몸을 담갔다. 그러자 나병이 깨끗하게 나았을 뿐 아니라, 어린아이 같은 뽀얀 피부까지 얻게 되었다.

나아만은 치유를 원했다. 나병으로 인해 겪게 된 절망과 수치, 현실의 문제들로부터 구원받기를 원했다. 하지만 그가 찾던 것은 '자기 방식의 구원'이었다. 내 신분에 어울리는 구원, 내 능력에 의한 구원, 내 업적을 통한 구원이었다. 이러한 나아만에게 하나님은 엘리사를 통해 그의 방식이 아닌 하나님 방식의 진정한 구원을 베풀기 원하셨다. 나아만은 그 순간 나병이냐, 요단강 목욕이냐, 둘 중 하나를 선택해야 했다.

그런데 이 순간이 바로 나아만의 인생 변곡점이 되었다. 만일 자기 의지대로 돌아와서 다메섹 강에 몸을 담갔다면 순종하는 자에게 임하는 하나님의 기적은 일어나지 않았을 것이다. 그의 살결이 어린아이와 같아지는 기적도 없었을 것이다.

인생에서 겪게 되는 이러한 순간을 '인생의 변곡점'이라 말할 수 있다. 어떤 사람은 아무 소망도 기대도 없는 인생의 벼랑 끝에서 나의 양심과 하나님의 시험을 마주하기도 한다. 나 역시 그랬다.

분명하게 고백할 수 있는 건, 변곡점을 주시는 분도 하나님이라는 사실이다. 따라서 그 변곡점에서 오직 하나님의 인도하심을 구하면 된다. 고난처럼 보이는 그 순간이 하나님의 관점에선 전적인 은혜의 길로 전환시켜 주는 터닝 포인트라고 생각한다.

인간적인 시각에서는 위기로 보이는 그 일들이 하나님의 시각에서는 축복을 주시기 위한 준비 단계일 수 있다. 또한 하나님께 더욱 가까이 다가가는 지름길이자 새로운 미래를 향한 기회일 수도 있다.

따라서 우리는 고난이 있을 때 기도로 나아가면 된다. 그 위기가 기회로 전환되게 하는 것은 결국 기도에 달렸다. 단, 하나님께 '이렇게 해주세요, 저렇게 해주세요'라는 기도 대신 하나님의 뜻을 온전히 구하는 기도를 드려야 한다. 우리는 때때로 하나님이 예비하신 복에는 관심이 없고 내가 정한 답에만 매달릴 때가 있다. 그러나 이것은 교만이다. 하나님의 방법대로 나아만이 치유함을 얻은 것처럼, 우리 또한 하나님의 방법에 의존해야 한다.

동네 축구를 하는데 상대 팀이 월등한 실력으로 이기고 있다고 해보자. 6:0으로 패색이 짙은 상황이라고 해보자. 이때 갑자기 손흥민 선수가 우리 팀을 돕기 위해 나타난다면 어떨까? 우리가 손흥민 선수에게 '이렇게 하고 저렇게 하라'고 말할 필요가 있을까? 우리는 다만 손흥민 선수에게 공을 패스하기만 하면 된다. 상대편이 아무리 강한 팀이라도, 혹은 우리에게 특별한 전략이 있다 하더라도 아무 소용이 없다. 우리는 다만 손흥민 선수에게 공을 패스하면 되는 것이다.

나의 오병이어

마찬가지로 우리 앞에 놓인 문제들 때문에 낙심할 필요가 없다. 우리가 할 일은 낙심이 아니라 하나님께 기도로 나아가는 것이다. 그리고 내가 원하는 응답을 요구하는 기도가 아니라, 모든 문제를 하나님께 패스하는 기도를 드리면 된다. 하나님께 '이렇게 해주세요, 저렇게 해주세요'라고 요구하지 않아도 모든 것이 협력하여 선을 이루게 하시는 하나님은 다 아시고 이루어 주실 것으로 믿는다. 우리는 그저 하나님만 믿고 바라보며 의지하면 된다. 그것이 인생의 변곡점에서 승리할 수 있는 유일한 길이다.

3장

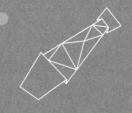
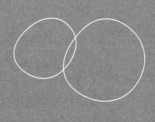

하나님의 공의가
이루어지는 그때

하나님은 공의의 하나님이시다.

하나님이 공의의 하나님이시란 사실은

또 다른 감사의 이유가 된다.

하나님이 공의의 하나님이시기 때문에

우리는 억울함이 찾아와도 이겨 낼 수 있다.

공의의 하나님이 해결하실 것을 믿기 때문에

억울한 눈물을 그치고 미소 지을 수 있다.

공의의 하나님이 우리를 지켜보고 계신다는 것,

공의의 하나님이 우리를 위해 일하고 계신다는 것,

공의의 하나님이 살아 계신다는 것,

그 사실만으로도 우리는 희망을 가질 수 있다.

부조리한 이 세상에서도 견딜 힘을 얻을 수 있다.

교육관 부지를
알아보다

하루는 내가 소속되어 있던 여의도순복음교회의 직할 담임목사님이 나를 따로 부르셨다. 당회장 목사님이 교회의 다음세대 교육을 위하여 교육관으로 사용할 수 있는 부지나 사용 가능한 건물이 여의도 안에 있는지 알아보라고 하셨다는 것이다. 당회장 목사님은 미래 교회의 기둥이 될 청년과 어린이들의 교육을 위하여 본교회 가까이에서 교육관 건물을 찾고 계셨다.

우리가 속한 곳이 여의도 직할 성전이라서 우리에게 이 일을 맡기신 모양이었다. 직할 성전의 지구장으로 교회를 섬기던 나는 성전 주변을 중심으로 건물들을 꼼꼼히 조사하기 시작했다. 하지만 매물 중에는 교육관으로 쓸 만한 넓은 공간이 없었다. 건물을 세울 만한 부지로는 공군부대의 테니스장이나 학교 예정 부지로 되어 있는 땅뿐이었다.

매매가 불가능한 공군부대 시설 부지와 달리 학교 부지는 학생 수 감소로 인해 매매 가능성이 있어 보였다. 이 땅은 한국토지개발공사와 한국자산관리공사가 절반씩 소유하고 있었다. 매매 여부를 묻자 한국자산관리공사 측에서 매매 의사가 있다고 답했다.

해당 내용을 담임목사님에게 보고했다. 나는 그 학교 부지를 알아보기만 했을 뿐, 구입 여부와 구매 집행은 절차상 본 교회의 재산관리위원회 및 재정관리위원회에서 처리할 일이었다. 나머지 절차와 계약은 본 교회 총무부를 통해 이루어졌다.

두 달쯤 지난 어느 날, 교육관 부지 계약을 주선한 시행사 안수집사님으로부터 만나자는 연락이 왔다. 집 근처 커피숍에서 만났을 때 그는 누런 봉투를 건네며 이렇게 말했다.

"장로님께서 평소 어려운 교회들을 많이 도와주신다고 들었습니다. 많지 않습니다만 이것도 거기에 보태 쓰시면 좋겠습니다."

봉투에는 3천만 원이 들어 있었다.

"이게 뭔가요? 저는 교회 일을 하면서 이 돈을 받을 수 없습니다."

"이상하게 생각하지 마세요. 하나님 나라 선교 사업에 쓰시라고 드리는 겁니다."

나의 오병이어

집사님과 헤어진 뒤 곰곰 생각하니 교회 성도님들이 하나님께 정성으로 드린 귀한 헌금을 나의 개인적인 선교 헌금으로 쓰면 안 될 것 같았다. 그래서 다음 날 교회 재정 위원장으로 섬기는 이진남 장로님에게 전화를 걸었다. 그는 교회의 예산과 지출을 관리하고 있었는데, 교회 살림을 탁월하게 꾸려 나갔다.

"장로님, 지난번 교육관 부지 계약을 주선했던 시행사 안수집사님이 제가 개인으로 지원하고 있는 필리핀 미자립 교회를 돕는 데 보태라고 3천만 원을 주고 가셨습니다. 그런데 이 돈은 교회에 다시 드리고 싶어요. 어떻게 해야 할까요? 이건 나의 헌금이라고 말할 수도 없어요. 그냥 성도님들의 헌금이지요."

"네. 잘 생각하셨어요. 그 돈 가지고 장로실로 오세요. 이번 주일에 만나서 이야기합시다."

주일 아침, 교회에 도착하자마자 이진남 장로님과 함께 당시 장로회장 장로님에게 자초지종을 이야기했다. 회장 장로님은 활짝 웃으며 말했다.

"김 장로님, 참 잘 생각하셨습니다. 이진남 장로님, 이 돈은 오늘 중으로 경리국에 보내 주세요."

대화를 마치고 돌아서는데 마음이 기쁘고 가벼웠다.

낙심 중에
오직 말씀만 붙잡다

그 일이 있은 지 얼마 되지 않아 지난 2년 동안 섬겨 온 여의도 직할 성전 지구장 직분을 내려놓게 되었다. 홀가분한 마음으로 그동안 맡겨진 일로 인해 참석도 못하던 본교회의 아침 장로예배에 참석할 수 있었다. 그런데 이게 무슨 날벼락인가. 누군가 내게 억울한 누명을 씌운 이야기가 귀에 들렸다.

어떤 장로는 내가 여의도순복음교회 교육관 부지를 구입할 때 중간에서 1억 원을 받았다고 했고, 어떤 장로는 1억 원이 아니라 3억 원을 받았으며 십일조로 3천만 원을 헌금했다고 했다. 그렇게 챙긴 돈으로 외제차를 끌고 다닌다는 이야기까지 나돌았다. 사실무근의 억측을 내 등 뒤에서 수군대고 있었던 것이다. 억울하고 어처구니가 없었지만 출처도 없이 떠도는 헛소문에 딱히 대응할 길이 없었다. 오직 모든 것을 아시는 하나님께 기도로 매달리는 수밖에 없었다.

소문은 매우 빠르게 번져 나가서 어느새 거의 모든 장

나의 오병이어

로가 그렇게 생각하는 것 같았다. 나중에 알게 된 사실이지만 그 소문은 몇몇 장로들의 입에서 흘러나온 것이었다. 상황이 그렇다 보니 몇몇 장로는 나를 슬슬 피했고, 어떤 장로는 대놓고 시선을 피하거나 모른 체했다. 평소 친하게 지내던 한 장로가 나와 대화하다 말고 슬그머니 자리를 피하기에 "이야기하다 말고 어디 가나?" 하고 붙잡았더니 "저기 있는 장로들이 '교회 돈 먹은' 장로와는 말도 섞지 말라네" 하고 농담 섞인 말을 하면서 나를 뿌리치고 가버렸다.

마음에 상처를 받은 나는 더 이상 이대로 두어선 안 되겠다 싶어 장로회 조직 산하의 장로윤리위원회를 찾아갔다. 윤리위원회 위원장 장로님에게 자초지종을 설명하고 나의 억울함을 해결해 달라고 부탁했다. 그러자 그에게서 뜻밖의 말이 나왔다.

"이 사건은 이미 당회장 목사님이 자세히 알아보라고 특별 지시까지 내리셔서 벌써 조사가 진행 중에 있습니다."

그러면서 그는 내게 A4 용지 한 장을 내놓았다. 거기에는 '교회를 사모하는 이들'이라는 이름으로 다음과 같은 내용이 적혀 있었다.

"교육관 부지 매입과 관련해서 김학재 장로와 직할 성

전 담임목사와 안수집사가 소개비 15억 원을 커미션으로 교회로부터 받아 각각 5억 원씩 나눠 가졌다. 김학재 장로가 이 모든 사실을 자백하였다."

하늘이 무너지는 것 같았다. 나만 몰랐을 뿐, 이 소문은 장로실을 넘어 교회 전체에까지 퍼져서 교회 문제가 되어 있었다. 며칠 동안 멍하니 아무 일도 할 수 없었다. 정말로 미칠 것만 같았다. 도대체 내가 무슨 잘못을 했기에 이렇게 억울한 일을 겪는 것일까? 교인들의 피와 같은 헌금을 하나님께 돌려 드렸을 뿐인데 왜 이런 일이 나에게 일어난 것일까? 낙심 중에 붙들 수 있는 것은 말씀과 하나님께 부르짖는 것뿐이었다. 한참 말씀을 읽는데 이 말씀에 눈길이 멈췄다.

> 여러 해 후에 애굽 왕은 죽었고 이스라엘 자손은 고된 노동으로 말미암아 탄식하며 부르짖으니 그 고된 노동으로 말미암아 부르짖는 소리가 하나님께 상달된지라 하나님이 그들의 고통 소리를 들으시고 하나님이 아브라함과 이삭과 야곱에게 세운 그의 언약을 기억하사 하나님이 이스라엘 자손을 돌보셨고 하나님이 그들을 기억하셨더라 출 2:23-25

나의 오병이어

이스라엘 민족이 처음부터 애굽의 노예로 살았던 것이 아니다. 그들은 자기들만 모여 사는 구역에서 자유인으로 살았다. 하지만 세월이 흘러 이스라엘 민족을 핍박하는 왕이 집권하자 졸지에 건설 노예로 전락하고 만다. 민족의 씨를 말리려는 잔혹함 가운데서 그들이 할 수 있는 것은 하나님께 살려 달라고 부르짖는 것뿐이었다. 그때 놀라운 일이 일어났다. 그들의 부르짖음이 하나님께 닿은 것이다. 하나님은 이스라엘 민족이 처한 현실 가운데 적극적으로 개입하셨다.

나도 살아 계신 하나님을 믿는다. 이스라엘 민족을 구하신 하나님은 나의 하나님이시다. 그분은 이미 나의 이 고난을 잘 알고 계실 것이다.

그때부터 나는 아내와 함께 매일 새벽예배에 나가서 하나님께 부르짖었다. 이스라엘 민족이 그랬던 것처럼 내게도 다른 방법이 없었다.

이후 나는 교회와 집과 회사에서 심지어 걸어 다니는 순간에도 하나님의 말씀을 붙들었다. 특히 시편 18편 1-3절 말씀을 끊임없이 입으로 암송하면서 미친 듯이 걸어 다녔다.

나의 힘이신 여호와여 내가 주를 사랑하나이다 여호와는 나의 반석이시요 나의 요새시요 나를 건지시는 이시요 나의 하나님이시요 내가 그 안에 피할 나의 바위시요 나의 방패시요 나의 구원의 뿔이시요 나의 산성이시로다 내가 찬송받으실 여호와께 아뢰리니 내 원수들에게서 구원을 얻으리로다 시 18:1-3

내 인생에 힘이 되신 분은 오직 주님 한 분뿐임을 굳게 믿었다. 그러자 고통스런 현실은 변함이 없었지만, 하나님이 나와 함께하심을, 내 등 뒤에서 나를 지켜보고 계심을 느낄 수 있었다.

"하나님, 다 아시지요? 이 억울한 누명을 벗겨 주세요."

하나님
이 억울함을 순식간에 벗겨 주세요

나와 관련된 소문에 대한 조사가 시작되었다. 윤리위원회에서는 먼저 나를 불러서 내가 억울함을 호소한 내용

나의 오병이어

대로, 사실 확인에 들어갔다. 나는 사실 그대로를 진술했고, 내게 돈을 준 안수집사가 불려 와 내게 준 돈의 액수가 3천만 원이라는 것을 확인해 주었다. 그리고 마지막으로 경리국에 입금된 돈의 액수가 3천만 원이라는 것까지 확인되었다. 이로써 내 말이 사실이라는 것이 밝혀졌다.

그동안 교회에 떠돌던 소문이 사실이 아니었다는 것을 알게 된 윤리위원회에서는 처음 이런 이야기를 퍼뜨린 장로들을 불러 조사하기 시작했다.

"진상을 조사해 본 결과, 김학재 지구장 장로는 소문의 내용과 같은 행동을 한 일이 없는데 왜 그런 근거 없는 이야기를 퍼뜨렸습니까?"

윤리위원회의 질문에 그들은 이렇게 대답했다고 한다.

"그런 소문이 들리기에 저도 그런 줄 알았습니다."

정말 무책임한 답변이었다. 말로만 듣던 '카더라 통신'이었다. 확인되지도 않은 내용을 아무 생각 없이 남에게 전했다는 것이다. 그 소문이 퍼졌을 때 어떤 일이 벌어질지 예측이라도 했을까? 이런 일을 당해 보니 정말로 사람이 말때문에 죽을 수도 있겠다는 생각이 들었다. 진실이 드러났지만 너무 허탈하고 허무했다. 그 소문으로 나는 이미 교인들에게 뭔가 불미스러운 일에 연루된 사람으로 낙인찍혔다. 땅바닥에 쏟아진 물을 다시 주워 담을 수 없듯, 한 번 만들어진 나쁜 이미지는 바로잡을 길이 없었다.

사건은 깨끗이 일단락되었지만 내 마음에는 깊은 상처가 남았다. 1,300명이나 되는 장로님을 일일이 찾아가 "장로님, 그 소문은 사실이 아닙니다"라고 한들 진심을 믿어 줄 장로가 몇이나 될까? 소문이 사실이 아님이 밝혀졌지만 나의 억울한 누명은 시원하게 벗겨지지 않았다. 그 순간에도 내가 할 수 있는 것은 하나님께 부르짖는 것뿐이었다. 교회를 옮겨 볼까도 생각했지만, 나는 그저 아내와 함께 새벽예배에 나가 매일매일 눈물로 기도했다.

"하나님, 이 억울한 누명을 잘 아시죠? 이 누명을 한순간에 벗겨 주셔야 합니다. 하나님!"

얼굴이 눈물로 범벅이 되도록 떼를 쓰듯 기도했다.

그러던 어느 날, 하나님은 찬양과 노래를 통해 내 마음을 만지기 시작하셨다. 장로찬양단 활동을 통해서였다. 화요일마다 있는 장로찬양단 연습은 내 마음속 상처를 치유하는 시간이었다. 하나님께 올려지는 믿음의 곡조들은 내 심령 가운데 은혜의 단비가 되었다. 그렇게 찬양의 은혜에 빠져 지냈다.

연말이 되자 찬양단의 신임 단장 선거가 있었다. 그런데 내가 세 명의 단장 후보 중 한 명으로 뽑혔다. 추천해 준 분들에게는 고맙지만, 단장이 되는 것에 대해 한 번도 생각해 본 적이 없었다. 찬양도 잘 못하는데 어떻게 단장이 될 수 있단 말인가. 더구나 억울한 누명 때문에 울고만 싶은 심정이지 않은가.

이런저런 생각으로 덤덤하게 표결을 지켜보는데 생각지도 않은 일이 일어났다. 압도적인 표 차이로 내가 신임 단장에 뽑힌 것이다. 당선 소감을 하라 해서 단상 앞으로 나갔지만 사양하겠다고 말할 생각이었다. 하지만 무슨 일인지 단상 앞에 서자 갑자기 이런 생각이 머릿속을 스쳤다.

'혹시 여기에 하나님의 뜻이 있는 것은 아닐까?'

머뭇거리다 나도 모르게 이렇게 인사하고 말았다.

"열심히 하겠습니다."

이후 장로회 산하의 각 기관 임원들에 대한 신임 발령은 모두 끝났는데 유독 장로찬양단 신임 단장만 발령이 처리되지 않고 있었다. 무슨 이유인지 장로회장단 쪽에서 장로찬양단 발령에 대해서만은 시간을 끌고 있는 것 같았다. 장로찬양단의 고문들과 역대 단장인 원로장로님들이 장로찬양단 단장 발령을 요청하려고 장로회장실을 찾아갔다. 알고 보니 얼마 전에 있었던 나와 관련된 소문 때문에 발령이 늦어지고 있었다. 나와 관련된 소문이 사실무근이라는 조사 결과가 장로회 쪽에 전달되지 않은 까닭이었다. 다행히 이번 일을 계기로 장로회장단에서도 윤리위원회의 조사 결과를 알게 되었고 자연스럽게 나에 대한 모든 의혹이 해소되었다.

얼마 후 나는 모든 장로가 참석하는 주일 아침 장로회 예배에서 장로찬양단 단장 임명장을 받게 되었다. 그때 장로회장이 내 이름을 호명하여 단상 쪽으로 걸어가는데 장로들이 소곤거리는 소리가 내 귀에 크게 들렸다.

"돈 먹은 장로를 왜 단장으로 임명하는 거야?"

그러나 임명장을 받고 돌아 나오는데 장로들 사이에서 수군거리는 소리가 내 귓가에 다시 들렸다.

"돈 안 먹었대. 잘못된 소문인가 봐."

'아! 순식간에 누명을 벗겨 달라고 떼쓰던 내 기도를 하나님이 들으셨군요.'

뜨거운 눈물이 조용히 흘러내렸다. 그날 2부 예배를 마치고 나오는데 선배 장로님 한 분이 다가와 내 어깨를 살며시 안아 주며 이렇게 말했다.

"김 장로, 나도 윤리위원회 결과를 어제야 알았어. 그동안 많이 힘들었지? 나도 미안했네."

장로찬양단 단장으로 임명된 뒤부터 나를 바라보는 다른 장로들의 시선이 부드러워진 것을 느낄 수 있었다. 다가와 위로해 주는 장로도 있었다. 억울함을 호소하기 위해 한 사람 한 사람 찾아갔어도 그들의 마음을 돌려놓지 못했을 것이다. 그제야 나는 하나님이 장로찬양단 단장 자리에 나를 세우신 이유를 깨닫게 되었다. 하나님은 한순간에 나의 억울함을 풀어 주셨고 모두에게 나의 무고함을 순식간에 알리셨다. 내 방법으로 오해를 풀려고 했으면 결코 순식간에 이루어질 수 없었을 그 엄청난 일을 하나님은 그분의 방법대로 확실하게, 순식간에 이루어 주셨다.

더 나아가 하나님은 찬양단 사역을 통해 영광을 받기 원하셨다. 신년하례식을 시작으로 다양한 사역을 예비해 주셨다. 1월부터 국회 조찬기도회에서 장로찬양단 찬양을 드리게 하셨고, 한국 기독교 문화유물 보존예배, 춘천 교도소 찬양예배와 같은 사역에 참여하게 하셨다. 그 외에도 장로

찬양단 화보를 발간하고 광림교회 한국남성합창제에 참가
하게 하시는 등 많은 행사 가운데서 영광을 받으셨다. 무엇
보다 여의도순복음교회 장로찬양단 제7회 연주회를 여의도
순복음교회 대성전에서 드릴 수 있었다. 이때 하나님은 2만
여 명의 성도들 앞에서, 전통을 자랑하는 인천 장로성가단
과 함께 찬양하게 하셨다. 하나님은 그렇게 내 등 뒤에서 나
를 지켜보시며 그분의 방법으로 나를 하나님께 영광 돌리는
도구로 쓰임 받게 하셨다.

"감사합니다. 할렐루야!"

인자가 올 때에
세상에서 그 믿음을 보겠느냐?

예수님은 인자가 올 때에 이 세상에서 믿음을 보겠느
냐고 말씀하셨다. 어떤 믿음인가? 택하신 자들이 밤낮 부르
짖는 원한을 하나님이 속히 풀어 주실 거라는 믿음이다. 이
믿음대로 일이 이루어지는 것은 하나님이 공의로우신 분이
기 때문이다. '교회 돈 먹은 장로'라는 오명을 통해 하나님
의 뜻을 경험하게 하신 것도 그분의 공의였다.

나의 오병이어

그는 반석이시니 그가 하신 일이 완전하고 그의 모든 길이 정의롭고 진실하고 거짓이 없으신 하나님이시니 공의로우시고 바르시도다 신 32:4

오직 만군의 여호와는 정의로우시므로 높임을 받으시며 거룩하신 하나님은 공의로우시므로 거룩하다 일컬음을 받으시리니 사 5:16

너희가 자기를 위하여 공의를 심고 인애를 거두라 너희 묵은 땅을 기경하라(break up the soil) 지금이 곧 여호와를 찾을 때니 마침내 여호와께서 오사 공의를 비처럼 너희에게 내리시리라 호 10:12

하나님은 이 세상을 그분의 의로우신 뜻대로 다스리신다. 뿌린 그대로 자라나게 하시고 심은 그대로 거두게 하신다. 그 행위에 따라 모든 사람을 선악 간에 심판하신다. 좌로나 우로나 치우치지 않고 베푼 선과 저지른 악의 경중에 따라 복과 벌을 주신다. 작은 것 하나까지 놓치지 않고 올바로 보응하신다. 하지만 우리는 선한 이들이 피해를 보고 억압받으며 악한 자들이 잘되는 불의한 현실을 마주하면 하나님이 진정 공의로운 분인지 의심하곤 한다.

나 역시 그랬다. 근거 없는 소문으로 누명을 썼을 때 나는 억울했고 심지어 복수심마저 생겼다. 만약 그때 울컥하는 마음에 분쟁을 일으켰다면 사탄이 원하는 대로 그리스도의 몸에 흠집을 내고 덕을 깨뜨리는 결과를 냈을 것이다. 지금 돌아보면 당시 사람의 이해를 구하지 않고 하나님께 나아가 그분이 해결하시기를 기다린 것이 얼마나 다행인지 모른다.

당시 나는 공의로운 하나님이 내 원통함을 직접 풀어 주실 것을 믿었다. 그리고 하나님은 생각할 수도 없는 방식으로 내 부르짖음에 응답해 주셨다. 하나님은 일의 결말이 날 때까지 그분에게 억울함을 호소하는 이들을 악에서 보호하시고, 마침내 그들로 하여금 살아 계신 하나님의 영광과 능력을 보게 하신다. 그리고 그들이 기쁨으로 찬양하게 하신다. 그렇기에 하나님은 혹시 억울한 일을 당할지라도 기다리라고 말씀하신다.

너는 악을 갚겠다 말하지 말고 여호와를 기다리라 그가 너를 구원하시리라 잠 20:22

나의 오병이어

이 말씀은 곧 공의의 하나님을 신뢰하며 그분이 어떻게 공의를 온전히 이루시는지 지켜보라는 뜻이다. 이는 예수님의 구원 사역에서도 드러난다. 하나님의 독생자 예수 그리스도가 친히 십자가 위에서 우리가 저지른 죄를 대신 짊어지셨다. 약속을 깨뜨린 것은 우리다. 불의를 저지른 것도 우리다. 그럼에도 우리를 사랑하시는 주님이 십자가에 못 박혀 죽으심으로 하나님과 우리의 관계를 회복시켜 주셨다. 이것이 바로 공의다. 이제 이 사실을 믿는 사람은 누구나 의롭게 된다. 하나님을 믿는 믿음 안에서 구원받아 의로운 존재로 변화되는 것이다.

예수님의 십자가는 하나님의 공의가 반드시 이뤄질 것을 신뢰할 수 있는 증거가 된다. 예수님 그분 자체가 바로 하나님의 공의이기 때문이다.

사실 욥, 요나, 하박국과 같은 성경의 인물도 처음에는 세상의 악과 불의 때문에 하나님께 "정말로 공의를 이루실 생각이 있으십니까? 공의를 이룰 능력이 있기는 한 겁니까?"라며 격하게 대들었다. 그러나 하나님을 경험한 뒤에는 하나님의 공의가 이루어질 '그때'를 기다린다는 고백을 하게 되었다.

불의하고 부조리한 세상을 외면한 채, 그저 개인의 꿈을 이루고 필요를 채우는 것에 만족하며 살라는 말이 아니다. 하나님이 우리에게 기다리라고 말씀하신 것은, 하나님의 공의가 이루어질 그때를 바라보며 지금 삶의 자리에서 믿음과 기도로 최선을 다해 살아가라는 의미다.

그런 공의의 하나님으로 말미암아 우리는 정직하게 살아갈 수 있다. 억울해도 견딜 수 있다. 인내하며 살 수 있다. 공의의 하나님이 공의의 방법으로 우리를 보호하시기 때문이다.

나의 오병이어

하나님은 일의 결말이 날 때까지
그분에게 억울함을 호소하는 이들을
악에서 보호하시고,
마침내 그들로 하여금
살아 계신 하나님의 영광과 능력을
보게 하신다.

4장

나의 오병이어를
주님께

하나님은 우리가 곤궁에 처했을 때

외면하지 않으신다.

돕는 손길을 보내신다.

하나님의 사람을 보내신다.

하나님의 일꾼이 곤궁에 처했을 때도

하나님은 그 사람을 외면하지 않으신다.

그에게도 동일하게 돕는 손길을 보내신다.

그 돕는 손길이 바로 내가 될 수 있다.

나의 작은 오병이어로 큰 기적을 일으키신다.

그 명령에 나를 맡기어 본다.

그 인도하심에 기대어 본다.

이것은 삶에서 누릴 수 있는 더없는 영광이다.

쓰임 받는 일은 형용할 수 없는 기쁨이다.

업무차 필리핀 출장을 갔다. 월요일이 미팅인지라 주일을 필리핀에서 보내야 했다. 한국인이 운영하는 리조트에서 아내와 함께 본 교회의 예배를 인터넷 동영상으로 드렸다. 예배 후 PC 위에 놓인 감사헌금을 어떻게 해야 할까 생각해 보았다.

아내와 나는 리조트 주인에게 인근에 한인교회가 있는지 물었다. 마침 '실랑'이라는 지역에 한인교회가 있다고 해서 길을 나섰다. 큰 액수는 아니지만 하나님께 올렸던 헌금을 그 교회에 드리기 위해서였다. 이국땅인 데다 초행길이라 한참을 헤맨 끝에 교회에 도착했다. 마침 건축 중인지 여기저기 자재가 어지럽게 널려 있었다. 그런데 아무리 건축 중이라지만 어딘지 이상해 보였다. 바닥은 콘크리트 공사만 진행된 채 미장 작업이 전혀 되지 않았고 거푸집이 다 떨어져 나갔다. 타일도 깔려 있지 않고, 창문틀도, 유리창도 없었다. 벽의 콘크리트 상태를 보니 공사를 중단한 지 꽤 오래된 듯 보였다.

강대상 뒤쪽으로 난 문으로 들어가니 플라스틱 의자 50개 정도가 쌓여 있었다. 그 옆으로 방이 두 개 있었는데 목회자 사택인 듯했다. 목사님을 만나 우선 헌금을 전하고 나서 사정을 물어봤다.

"목사님, 왜 교회 건축은 하시다 말았나요?"

"…주님의 손길을 기다리고 있습니다."

목사님은 어두운 얼굴로 교회 안을 가리켰다.

"무작정 기다리시는 거예요?"

"네, 그렇습니다."

"언제까지요?"

"주님이 보내 주실 때까지요."

건축을 직접 해본 경험이 있던 나는 비용이 얼마나 필요한지 물어봤다.

"목사님, 창문에 유리창 끼우고, 바닥에 타일 깔고 미장 작업을 하고, 벽에 페인트칠을 하면 예배드리는 데 별 문제 없을 것 같은데요. 비용이 얼마나 들까요?"

"아마 한국 돈으로 500만 원 정도면 될 겁니다."

"예? 500만 원이요? 혹시 건축 시세를 잘 모르고 말씀하시는 것 아닌가요? 아무리 필리핀이라지만 교회가 어림잡아 100평은 되어 보이는데 그 돈으로는 부족하지 않나요?"

그러자 목사님이 웃으며 이렇게 대답했다.

"한국에서는 부족하겠지만 여기서는 가능합니다. 유리와 창호, 타일, 페인트, 작업할 인부까지 그 액수 안에서 해결할 수 있어요."

"정말이요? 그게 가능합니까?"

"네. 제가 필리핀에서 학교를 운영하면서 학교 건물까지 지어 봤는데 그 정도면 충분합니다. 이곳은 인건비가 아주 싸기 때문에 자재를 살 돈만 있으면 쉽게 공사할 수 있어요. 또 부근에 중국인 자재 대리점이 있어서 자재를 싸게 구입할 수 있거든요."

숙소로 돌아와 다음 날 업무를 마치고 한국으로 돌아왔는데 필리핀 교회의 딱한 사정이 머리에서 떠나지 않았다. 혹시나 하는 마음에 우리 부부가 선교헌금을 하기 위해 조금씩 모아 둔 저금통장을 열어 보았다.

신기하게도 정확히 500만 원이 통장에 있었다.

'아! 이건 그 교회를 위해 예비된 헌금이다.'

아내에게 이 돈을 실랑의 한인교회 건축헌금으로 드

리면 어떻겠냐고 물었다. 아내는 선교할 곳이 나타났다 하고 말하면 열일을 제치고 마음을 합하는 사람이었다. 다음 날 그 교회에 500만 원을 보냈다. 시간을 지체할 이유가 없었다.

두 달 뒤에 그 교회 목사님으로부터 공사가 완료되었다는 메일을 받았다. 완공된 교회의 구석구석을 사진으로 찍어 보내 주었는데, 우리 부부는 깜짝 놀랐다. 교회가 상상 이상으로 잘 지어진 것이다. 유리창이 깔끔하게 끼워져 있고 바닥에는 넓은 하얀색 타일이 깔려 있었다. 어린아이들

–
페인트 칠과 마루 타일 공사, 유리창 공사가 완성된 실랑 비전 선교센터.

나의 오병이어

비전선교 교회학교에서 성경공부와 찬양을 하고 있다.

비전선교센터에서 운영하는 초등학교에서 옥외 수업 중인 학생들.

이 신발을 신지 않고도 뛰어놀 수 있게 된 것이다. 벽은 흰색 페인트로 칠해져서 교회가 한층 밝고 커 보였다.

아내와 나는 그 교회를 다시 방문하고 싶었다. 마침 필리핀 출장이 다시 잡혀 아내와 함께 주일에 덜컹거리는 버스를 타고 한 시간을 달려 그 교회를 찾아갔다. 사진에서 본 것처럼 깨끗하고 아름답게 완공된 교회가 우리를 반겨 주었다. 그곳에서는 60명 정도의 성도들이 모여 예배를 드리고 있었다.

마침 서울에서 방문한 20여 명의 바이올린 연주팀이 작은 음악회를 열고 있었다. 연주는 매우 감동적이었다. 하지만 열악한 음향 장치 탓에 마이크를 끄고 연주해야 했다. 연주가 끝난 후에도 음향시설 탓에 잡음이 심했다. 설교 말씀을 듣기 어려울 정도였다.

힘겹게 교회를 완공했는데 음향시설 때문에 예배를 제대로 드릴 수 없다는 사실이 마음에 계속 걸렸다. 귀국하자마자 곧바로 청계천의 음향회사를 찾았다. 성능 좋은 음향 시스템 기기 일체를 세트로 구매했다. 국제 전화로 건물 내부 길이를 물어봐 가며 스피커 연결선 같은 사소한 물품까지 길이를 맞추어 제작했다. 그리고 배선 일체를 전원선에

나의 오병이어

연결시키기만 하면 바로 사용할 수 있도록 미리 세팅해 두었다. 짐을 싸고 보니 수출 나무상자(wooden box)로 11개나 되었다. 이 일을 하나님이 기뻐하실 것을 생각하니 저절로 힘이 솟았다. 목사님과 성도들이 행복해할 것도 기대되었다.

그러나 기술진이 없어서 기계를 설치하지 못한 채 세워 놓고 있다는 안타까운 소식을 들었다. 결국 한 달 뒤 처제 부부와 함께 교회를 찾았다. 전기과 출신인 내가 진두지휘하고 처제 부부가 나를 도와 음향 시스템의 전기 배선을 마무리하고 성능 테스트까지 완벽하게 마친 뒤 돌아왔다.

처제 부부는 필리핀 여행을 위해 마련한 경비를 모두 그 교회에 헌금했다. 여행을 포기했음에도 그들의 얼굴엔 기쁨이 넘쳐흘렀다. 그런 그들로 인해 나 또한 깊이 감동을 받았다.

하나님은 타지에서 헌신하는 선교사 부부를 위해 우리를 사용하셨다. 하나님은 그 선교사 부부를 하늘나라의 확장을 위해 사용하셨고, 그들을 위해 우리를 다시 사용하셨다. 그렇게 우리 모두는 가장 복된 영광의 순간에 하나님 나라의 일꾼으로 쓰임 받을 수 있었다.

치료하시는
하나님

하루는 필리핀에서 업무를 마친 후 귀국하려고 짐을
싸는데 목사님으로부터 급한 연락이 왔다. 사모님이 댕기열
에 걸렸는데 대학병원에서 입원을 시켜 주지 않는다는 것이
었다. 목사님은 사모님을 대학병원에 둔 채 나를 만나러 오
겠다고 하더니 2시간이 지나서야 도착했다. 그런데 목사님
도 40℃가 넘는 고열에 시달리고 있었다. 알고 보니 목사님
역시 심한 댕기열에 걸린 상태였다.

당시 나는 새벽 비행기를 타고 한국으로 가야 했다. 새
벽에 출발하려면 짐도 꾸려야 하고 몸도 피곤하여 이동이
버거운 상황이었다. 목사님이 같이 가자고 간청했지만 망설
이지 않을 수 없었다. 하지만 온몸이 펄펄 끓는 목사님을 바
라보고 있자니, 순간 목사님 부부가 선교 중에 순교할지도
모른다는 생각이 들어 서둘러 차에 올랐다. 목사님은 달리
는 차 안에서도 비닐봉투에다 대고 연신 구토를 해댔다.

2시간을 달려 대학병원에 도착하니, 사모님은 열이
40℃까지 오른 채 복도에 방치되어 있었다. 그것도 8시간

이나. 목사님은 병실이 없어서 기다리는 것이라 말했지만, 치료비와 입원비가 없는 줄 알고 병원에서 방치한 게 틀림없었다. 사모님은 이미 사경을 헤매는 위급한 상태였다. 나는 즉시 진찰실로 휠체어를 밀치고 들어가서 큰 소리로 외쳤다.

"Doctor, coming, Doctor, coming! Urgently! Urgently!"(의사를 부르세요! 급해요!)"

잘하지도 않는 영어로 힘껏 외쳐 댔다. 아무리 돈이 우선인 세상이지만 생명보다 중한 것이 무엇이란 말인가! 안타까움에 나도 모르게 목소리가 크게 터져 나왔다. 그 소리에 놀라 의사가 두 명이나 달려왔다. 의사는 사모님을 진찰한 뒤 즉시 병실로 보냈고 목사님도 곧바로 진찰해 주었다. 그러나 목사님은 입원실이 나올 때까지 복도에서 침상에 누워서 대기해야 했다. 다행히 목사님도 입원 예약을 확인받고 대기 상태가 된 후에야 우리 부부는 병원비를 지불하고 밤늦게 숙소로 돌아올 수 있었다. 그리고 드러누울 새도 없이 짐을 급하게 싸서 공항으로 달려가 겨우 새벽 비행기를 탈 수 있었다.

비행기를 타고 오는 내내 마음이 무거웠다. 목사님은

나를 만나야 아내를 살릴 수 있다는 생각에 고열에 시달리면서도 먼 길을 달려왔다. 돈이 생명과 직결되는 선교지에서 말 못 할 어려움이 얼마나 많았을까 생각하니 마음이 너무나 아팠다.

'만일 나와 전화 연결이 안 되었다면 어떻게 되었을까?'

상상만 해도 끔찍했다. 전화 연결부터 모든 과정이 다 하나님의 인도하심이었다. 목사님 부부를 고쳐 주신 것도 은혜요, 이 일에 쓰임 받게 하신 것도 은혜였다. 나의 아픔을 외면치 않으시는 하나님은 먼 곳에서 헌신하는 목사님 부부의 아픔 또한 방관하지 않으셨다.

복음의 불모지로 향하는
에반스 콜린의 삶

1960년대에 미국 할리우드에서 가장 잘나가는 여배우하면 마를린 먼로와 에반스 콜린일 것이다. 존 F. 케네디 대통령의 생일 파티에서 마를린 먼로는 요염한 자태로 생일 축하송을 불렀는데, 감동한 케네디 대통령이 "이제 나는 대

나의 오병이어

통령을 그만두어도 여한이 없다"고 말했단다. 먼로는 돈방석에 앉아 부귀영화를 누렸으나 인생의 허무와 공허함을 이기지 못하고 비극적인 최후를 맞았다. 그녀는 자신의 인생을 마치 '파장하여 문 닫은 해수욕장'에 비유하면서 수면제를 먹고 생을 마감했다.

반면에 그녀와 라이벌이던 에반스 콜린은 어느 날 갑자기 배우를 그만두고 할리우드를 떠났다. 그녀는 은퇴를 선언하는 기자회견장에서 수많은 사람들의 열광을 받는 이때에 할리우드를 떠나는 이유에 대해 이렇게 말했다.

"여러분, 저는 지금 깊은 사랑에 빠졌습니다. 그 깊은 사랑에서 헤어날 수가 없습니다. 그래서 할리우드를 떠납니다."

청중은 환호성을 지르며 그 행운의 남자가 누구냐고 물었다. 그녀는 다시 대답했다.

"그분은 예수 그리스도입니다. 그분은 저를 위해 십자가에서 죽으셨습니다. 이제부터 내 삶의 주인이신 예수님을 위해 살고자 선교사 학교에 들어가려 합니다."

콜린은 선교사 학교를 졸업하고 선교사와 결혼하여 아프리카로 떠났다. 그리고 선교지에서 일생을 마쳤다. 7년간 아프리카 선교를 하고 안식년이 되어 잠시 미국에 온 에반스 콜린에게 빌리 그레이엄 목사님이 모든 사람이 궁금해하는 바를 물었다.

"자매님, 할리우드에서 누리던 영광과 명예를 버리고 선교사로 떠난 것이 후회되지는 않습니까? 정말 행복합니까?"

에반스 콜린은 미소를 지으며 이렇게 대답했다.

"후회라뇨? 선교사의 자리는 영국 여왕의 자리와도, 미국 대통령의 자리와도 절대로 바꾸지 않을 겁니다. 저는 언제나 하나님을 의지하고 살기 때문에 늘 기쁩니다."

에반스 콜린에게 복음의 불모지에서 선교 사역을 펼친다는 것은 그 어떤 명예와 부보다 값진 것이었다. 그의 인생을 보면 예수님이 비유한 감추인 보화가 생각난다.

필리핀에서 무서운 댕기열과 고통스런 조건을 견디면서 선교의 역사를 써 내려가는 심바울 목사님 부부도 에반스 콜린처럼 감추인 보화를 발견한 기쁨을 이기지 못하는 분들이다. 그들은 하나님 나라의 비밀을 알기에 안락하고 편안한 삶을 뒤로하고 생명과 건강이 위협받는 곳으로 들어가 복음을 증거하는 일에 헌신하고 있다.

나의 오병이어

비록 병원비조차 구하지 못해 구차해질 때도 있지만, 하나님 보시기에 목사님 부부는 누구보다 숭고하고 의롭고 가치 있는 삶을 사는 그분의 소중한 자녀다. 에반스 콜린 역시 하나님을 올바로 알고 전하는 삶을 택함으로써 부와 명예가 보장된 삶을 버렸다. 하늘의 보화를 발견한 사람들은 이 땅의 금은보화가 전혀 부럽지 않다. 진정으로 가치 있는 삶이 무엇인지 알기 때문이다. 그런 삶에 작게나마 내가 쓰임 받을 수 있어서 너무나 감사하다.

5장

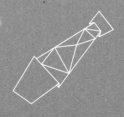

나그네가 누리는
은혜

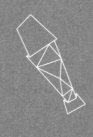

하나님은 나그네의 고통에 주목하신다.

타지에서 겪는 설움에 응답하신다.

작고 나약한 그 신음에 귀 기울이신다.

이 땅에도 나그네들이 있다.

하나님은 그들에게 마음을 가눌 곳을 마련해 주신다.

마음껏 예배하고 하나님을 찬양할 곳을 마련해 주신다.

하나님은 그 예배 가운데서

그 공동체 가운데서

나그네의 외로움을 털어 내게 하신다.

그들의 예배를 통해서

마음의 상처와 육체의 고단함을 덜어 내게 하신다.

그리고 우리를 통해 그 일에 동참하게 하신다.

하나님 나라를 확장해 가는 그 거룩한 일에 함께하고

쓰임 받는 기회를 나에게 주신다.

그들을 위한

성전을 세우시고

2000년 어느 뜨거운 여름날이었다. 당시 서해안에 있는
시화공업단지에는 일자리를 찾아 이 땅에 온 2만여 명의 외
국인 근로자들이 일하고 있었다. 그들을 바라볼 때마다 어
김없이 내 마음을 두드리는 소리가 있었다.

"하나님, 이들의 영혼 구원은 누가 어떻게 구해야 하
나요?"

"주님, 이 일을 감당할 분을 보내 주세요."

시화공업단지 516호
진우엔지니어링 공장
에서 시화외국인교회
가 시작되었다.

기도하던 중에 내가 시무하는 여의도순복음교회에 공
문을 보냈다. 공문에는 이 땅에 보내진 외국인 근로자의 영
혼 구원 사역이 얼마나 필요한지 상세히 적었다. 얼마 후 교
회 비서실에서 연락이 왔다. 당회장 조용기 목사님이 그곳
을 선교지로 삼아 주신다는 내용이었다.

나는 먼저 시화공단 내에 있는 사업장 진우엔지니어링
공장 3층을 I-Beam으로 한 층 더 증축하여 영어권 예배 장
소로 사용했다. 아래층은 중국어권 예배를 위한 장소로 비

진우엔지니어링 공장 3층
을 외국인 교회 영어예배
장소로 사용하려고 I-Beam
으로 증축 공사를 했다.

나의 오병이어

워 놓았다.

여의도순복음교회 교무국에서도 교역자를 파견해 주었다. 그때 처음 만난 분이 현재 순복음금정교회 담임목사님인 김형근 전도사님이었다. 전도사님은 누구보다 뜨거운 열정으로 외국인 선교사역에 임하였을 뿐 아니라 언제 어디서나 외국인들을 예수님의 사랑으로 보듬었다.

사역지 승인을 받게 될 때까지는 순탄하게 일이 이루어지는 듯했다. 그런데 이후로 준비해야 할 일이 막막했다. 그때까지 개척을 해본 경험도, 지식도 없었기 때문이다.

김형근 전도사님이
외국인 새 신자를 소
개하고 있다.

'해야 할 일은 많은데 나 혼자 이걸 어떻게 다 감당하지?'

　예배 후에 식사와 차량 운행은 물론, 교회 의자나 비품 등을 들여 놓을 일도 큰일이었다. 그러나 그것은 인간적인 생각에서 비롯된 기우에 불과했다. 가장 어렵던 교회 예배실을 마련하고 나니 나머지는 걱정할 새도 없이 채워졌다. 피아노, 의자, 20인승 버스, 9인승 차량 등 필요한 물품이 교회의 후원으로 채워진 것이다. 나는 경험도 전무하고 외국인 근로자 선교를 이끌어 가기에는 부족하기 이를 데 없지만, 순종으로 한 발을 내딛자 하나님의 은혜로 순식간에 일이 척척 진행되었다.

-
진우엔지니어링 1층에서 중국인 예배의 행사를 돕는 봉사자들과 중국인들.

나의 오병이어

그뿐이 아니었다. 본 교회에 봉사자를 요청한 적도 없는데 소문을 들은 많은 성도들이 자비량 자원봉사를 하고 싶다며 제 발로 찾아왔다. 대부분이 김형근 전도사님이 사역하던 '선데이스쿨'(sunday school)에서 공부하던 분들이었다. 하나님이 그분들을 보내지 않으셨다면 어떠했을까? 자원봉사자 없이 나 혼자 그 많은 외국인 근로자들을 섬기는 것은 불가능한 일이었다.

어떤 봉사자는 주일에 꽃을 한 아름 들고 와서 강대상에 꽃꽂이를 했다. 자비량으로 칠판을 사 가져온 어떤 인테

자원 봉사자가 외국인 근로자들에게 한글을 가르치고 있다.

리어 봉사자는 외국인 근로자들에게 한글을 가르쳐 주었다. 또 다른 봉사자는 기증 받은 옷을 가져와 외국인들에게 나눠 주었다. 하수구가 막히면 팔을 걷어붙이고 수리하는 봉사자도 있었다. 아무도 일을 시키지 않았고 부탁한 적도 없지만, 그들은 기쁨으로 봉사했다. 환한 얼굴로 집으로 돌아가는 그들을 볼 때면 마음에 감사가 흘러넘쳤다. 시화외국인교회는 하나님이 세우신 교회임에 틀림없었다.

예배당이 하나둘 채워지는 동안, 내가 할 일은 외국인 예배를 위한 세팅을 하는 것이었다. 무엇보다 다중언어로 방송하는 통역 서비스 시설을 확충하는 것이 시급했다. 그래서 당회장 목사님의 설교를 우리말, 영어, 중국어로 동시에 들을 수 있는 예배실을 각각 마련했다. 이제 외국인들도 본 성전 예배를 생중계로 드릴 수 있게 되었다. 그렇게 설비 공사를 마친 직후 곧바로 외국인 근로자들을 초청하여 예배를 시작했다.

위성을 통한 예배 생중계는 어려움 없이 원활하게 이루어졌다. 하지만 영어 예배실에서 어려움이 생겼다. 매주 120명가량의 외국인 근로자가 27인치 소형 TV로 예배를 드린 것이다. 화면이 작다 보니 예배에 집중하기가 어려웠다.

나의 오병이어

마음 같아서는 당장 더 큰 것으로 바꿔 주고 싶었지만, 안타깝게도 건물 증축 공사를 하느라 힘들어서 여건이 안 되었다.

어느 주일, 외국인들이 식사하러 식당으로 이동한 사이 영어 예배실에서 잠시 쉬고 있는데 웬 낯선 남자가 예배실로 불쑥 들어왔다.

"어떻게 오셨는지요?"

"저는 여의도순복음교회 김제현 안수집사인데요. 이재오 전도사님이 이곳에 도와드릴 일이 없는지 가 보라고 해서 찾아왔습니다. 그런데 여기서는 뭘 하시나요?"

"네. 이곳은 시화외국인교회입니다."

"아, 그렇군요. 그런데 혹시 지금 이 방에 뭔가 필요한 게 있지 않으세요?"

나는 깜짝 놀라 물었다.

"사실 꼭 필요한 게 하나 있어서 기도하던 중이었습니다. 그런데 집사님은 그 사실을 어떻게 아셨어요?"

"저도 기도하는 중에 알았죠, 뭐. 그런데 뭐가 필요하신가요?"

"여의도순복음교회의 예배를 동영상으로 드리고 있

는데요. 보시다시피 27인치 소형 TV를 사용하고 있습니다. 120명이 작은 모니터로 예배드리려니 애로가 많습니다. 그래서 매일 외국인들과 함께 합심 기도를 드리고 있었습니다.”

“아, 그래요.”

그는 그 한 마디만 남긴 채 휙 나가 버렸다. 나는 속으로 '별 싱거운 사람 다 봤네' 하며 그와의 대화를 잊어버렸다.

다음 날 아침, 웅성거리는 소리가 예배실로 올라가는 철계단 쪽에서 들렸다. 좁다란 철계단으로 여섯 사람이 커다란 상자를 힘겹게 들고 올라가고 있었다.

“어디서 오셨나요?”

“네. 삼성전자에서 나왔는데요. TV를 배달하러 왔습니다.”

“네? 우리는 그런 것 주문한 적이 없는데요. 누가 보낸 건가요?”

“저희는 배달하는 사람들이라 그런 건 모릅니다. 얼른 설치해 드릴 테니 조금만 기다려 주세요.”

나의 오병이어

순간 어제 찾아왔던 김 집사님이 생각났다. 하나님이 이번에는 그분을 통해 역사하신 것이다. 커다란 모니터를 교체하자 영어 예배실의 분위기가 완전히 달라졌다. 외국인 형제들이 58인치 대형 TV를 보고 놀랐고, 그동안 기도하던 대형 TV가 여기까지 오게 된 사연에 다시 한 번 놀랐다. 특히 자신이 했다는 것을 밝히지 않고 묵묵히 헌신해 준 그 집사님의 모습에 감동했다. 내가 할 수 있는 것은 하나님께 감사기도를 드리는 것뿐이었다.

"하나님, 감사합니다. 이렇게 예비해 주시는군요."

교회 셔틀버스를
운행하면서

그 시절, 시화외국인교회에서 내가 감당하던 사역 중 하나는 외국인 근로자를 위한 셔틀버스를 운행하는 일이었다. 주일이면 본 교회에서 내준 20인승 버스를 매주 두 번씩 몰면서 단지 내 공장 구석구석을 돌았다. 당시 나는 대형 운전면허가 아닌 1종 보통 운전면허를 소지하고 있었다. 20인승 버스를 운전할 자격이 없었지만, 나 말고는 운전할 사람이 없으니 늘 가슴을 졸일 수밖에 없었다.

그런데 그럴 수밖에 없는 사연이 있다. 우리 공장에 방글라데시에서 온 니본이라는 직원이 있는데, 그는 외국인 예배의 '열성분자'였다. 마침 그에게 국제운전면허가 있어서 셔틀 운행을 부탁했더니 기꺼이 도와주겠다고 했다. 교회 버스를 운행하면서 니본은 예배에 참석하는 외국인들에게 친절하게 대했고 그들에게 낯익은 얼굴이 되어 갔다. 어느 주일, 예배를 마치고 다 함께 점심식사를 하고 있는데 니본이 외국인들에게 마이크를 들고 이런 안내방송을 했다.

"여러분, 우리 사장님이 여러분을 위해 좋은 일을 많이 하는 것 잘 아시죠? 그러니 다음 주에도 친구들을 많이 데

외국인 근로자
들이 예배드리
고 있다.

나의 오병이어

외국인 근로자들에게
노방전도를 하며 복음
을 전했다.

남선교회 전도팀 120명이 노방전도를 하여
150명의 외국인 근로자들이 예배를 드렸다.

리고 와요. 알았죠?"

제 딴에는 나를 돕고 전도하고 싶은 마음에 나선 모양
이었다. 하지만 그게 화근이 될 줄은 꿈에도 생각하지 못했
다. 며칠 후 니본이 조용히 나를 찾아와서 울먹이며 이렇게
말했다.

"사장님, 나 이제 이 회사 나가야 돼요. 미안해요."

"니본, 갑자기 그게 무슨 소리야?"

지난 주일 교회에서 "친구들 많이 데려오라"고 한 것
을 누군가가 방글라데시에 있는 니본의 외삼촌에게 국제

　　　　　　　　　　　　　나의 오병이어

전화로 고자질한 모양이었다. 니본의 외삼촌은 무슬림의 이맘(종교 선생님)이었다. 이맘은 '모스크를 지키고 있는 자'이기도 하다.

"내가 한국에서 기독교로 개종해서 교회 전도사가 됐다고 어떤 친구가 국제전화로 말했나 봐요. 그래서 외삼촌이 나더러 빨리 귀국하래요. 나 이대로 방글라데시 가면 개종한 것 때문에 죽어요. 그래서 내일부터 인천에 있는 다른 회사로 가서 숨어서 지내야 해요. 정말 미안해요, 사장님."

"니본, 그렇다고 회사까지 그만둘 필요는 없잖아. 우리 이렇게 하자. 다음 주일부터는 아무것도 하지 말고 오직 예배만 드려요. 다른 친구들 전도하는 것도 그만두고."

울며불며 떠나겠다는 그를 가까스로 붙잡아 앉혔다. 셔틀버스 운행으로 사람들에게 얼굴이 알려진 게 이번 사건에 한몫했을 것으로 생각되어 그것도 그만두게 했다. 하지만 당장 돌아오는 주일부터 운전을 담당할 사람이 없었다. 결국 내가 운전대를 잡아야 했다.

버스를 몰고 나올 때마다 입에서 기도가 자동으로 흘러나왔다. 기도의 내용은 두 가지였다. 첫째는 대형면허가 없으므로 교통경찰의 눈에 안 띄게 해달라는 것, 둘째는 오

늘도 버스가 아무 고장 없이 정상 운행할 수 있게 해달라는
것이었다.

당시 사용하던 버스는 원래 여의도순복음교회의 성도
들을 태우던 차량이었는데, 워낙 오래되고 낡아서 언제 멈
춘다 해도 이상하지 않았다. 노후 차량을 면허증도 없이 몰
았으니 위험천만한 일이었지만, 나는 셔틀 운행을 포기할
수 없었다. '한 영혼도 놓치지 않고 하나님 앞으로 인도하겠
다'는 열정에 사로잡혀 있었기 때문이다.

쓰임 받는 일은
소중한 일이야

셔틀을 이용하는 외국인 예배자들은 자기 편한 대로
행동할 때가 많았다. 차량 운행을 위해 얼마나 많은 노력을
해야 하고, 신경을 써야만 하는지 그들에겐 관심 밖이었다.

여의도순복음교회에서는 주일 오전 11시 정각에 예배
를 시작한다. 위성으로 생중계되는 만큼 1분 1초도 어김 없
이 시작해야만 했다. 그래서 정확한 시간을 지켜서 예배에

나의 오병이어

늦지 않으려고 최선을 다했으나, 많은 외국인 근로자들에게는 시간 개념이 부족했다. 나 혼자 속이 타서 클랙슨을 눌러대고 재촉해도 외국인들은 자기 볼일 다 보고 천천히 버스에 올랐다. 그때마다 답답한 속을 다스리느라 애를 먹었다. 그런데 이 정도는 고충이라고 할 수도 없었다. 외국인교회를 섬기는 일은 내가 생각했던 것보다 훨씬 더 어렵고 힘들었다.

모든 직업이 그렇겠지만 사역을 하면서 공장을 운영하는 것이 쉽지 않았다. 공장은 월요일부터 토요일까지 아침 일찍부터 저녁 늦게까지 쉼 없이 돌아가야 했다. 주일은 평소보다 더 바빴다. 우리 부부에게 주말은 없었다. 연중무휴로 살았다.

토요일이면 아내는 주일 식사 준비를 위해 시장을 보고 이것저것 준비하느라 바빴다. 다음 날 평소보다 더 일찍 일어나 전날 챙겨 놓은 식재료들을 차에 가득 싣고 출발한다. 여의도에서 시화공단까지 새벽 공기를 가르며 1시간 반을 달리면 교회에 도착한다. 나는 예배 준비를 하고 아내는 예배 후 외국인 근로자와 봉사자들을 먹일 150명분의 점심 식사를 준비한다.

그래서 힘들었을까? 아니다. 우리 부부는 몸은 고달팠지만 기쁨으로 이 일을 섬겼다. 매 순간 힘주시는 주님이 함께하시기 때문이다. "나의 힘이 되신 여호와여 내가 주님을 사랑합니다" 하고 찬양하는 순간 힘이 나서 이렇게 말하곤 했다.

"쓰임 받는 일은 소중한 일이야. 감사하자."

시간이 지나면서 시화외국인교회는 단순한 예배 처소를 넘어 쉼을 제공하는 공간이자 직장을 잃은 친구들에게 일자리를 알선해 주고 불법 이민자들을 숨겨 주는 은신처가 되었다. 덕분에 더 많은 외국인 친구들을 만날 수 있었다.

그들로 인해 감사한 일이 더 많았지만 속상한 일도 있었다. 한번은 능력이 좀 부족한 불법 외국인 근로자를 어렵게 취직시켜 주었더니 계속 불량품을 냈다. 오래지 않아 사장이 핀잔하자 듣기 싫다고 대들어서 그만두었다. 다른 공장에 다시 어렵게 소개해 주었지만, 이번에도 오래 견디지 못했다. 그러고는 일자리를 알아봐 달라고 생떼를 쓰고 우리 교회를 험담하고 다녔다.

"여기 나오지 말아요. 여기보다 외국인을 더 잘 대우해 주는 교회가 많으니까 다음 주부터는 여기 오지 말고 그리

나의 오병이어

가세요."

　정작 자신은 우리 교회에 계속 나오면서 힘 빼는 말을 하고 다니는 것이다. 주일에 쉬지도 못하고 먼길을 마다 않고 달려온 우리로서는 맥 빠지는 일이었다.

　'어떻게 우리한테 이럴 수 있지? 우리가 자기 영혼 구원을 위해 애쓰는데!'

　화가 날 때도 있지만 이런 사람까지도 사랑으로 거두고 품는 데는 많은 인내가 필요했다. 하지만 그때마다 하나님은 내가 누구인지 자신을 돌아보게 하는 계기로 삼게 하셨다.

데이비드의

치유와 회복

　어느 주일, 나이지리아 출신의 데이비드라는 친구가 새로 교회에 나왔다. 얼굴이 백지장처럼 하얗고 몸에 힘이 없는 것이 아무래도 병에 걸린 것 같았다. 얼마 후 주일 예배를 마치고 점심식사를 하려고 식당에 들어서는데 식사기도를 하고 있는 데이비드의 모습이 눈에 띄었다. 그는 냉면 그릇에 밥을 가득 퍼 담았다. 한 끼 식사치고는 꽤 많은 양이었다.

'평소 회사에서 주는 밥의 양이 적어서 그러나?'

그 순간 데이비드가 식사 기도를 하면서 밥을 담은 그
릇 위로 닭똥 같은 눈물을 뚝뚝 흘렸다. 무슨 일이 있나 싶
어 나도 얼른 식판에 밥을 담아 데이비드 앞에 앉았다. 데이
비드는 한참을 기도하고 나서 나를 보더니 밝게 웃었다.

"데이비드, 무슨 일이 있어?"

"엘더 킴, 내가 나이지리아에서 한국으로 올 때부터 지
병이 있었어요. 조금만 과식을 해도 배탈이 금방 나는 병이

하나님께 치유받고 기쁨으로 은혜롭게
찬양하는 데이비드(왼쪽에서 두 번째).

나의 오병이어

에요. 어쩔 수 없이 식사량을 줄였는데 이번에는 몸에 힘이 없는 거예요. 힘이 없으니까 공장에서 일을 많이 할 수 없고, 야근을 못하니까 결국 돈을 조금밖에 못 벌었어요."

그는 말을 이어 갔다.

"지난 주일 예배를 드리는데 갑자기 배가 너무 아픈 거예요. 도저히 참을 수가 없어서 예배 중간에 밖으로 나와 화장실에 갔어요. 변기에 앉자마자 와르르 무언가 쏟아지는데 전부 핏덩어리인 거예요. 너무 놀라서 '내가 이제 여기서 드디어 죽나 보다' 생각했거든요. 그런데 이상한 일이 생겼어요. 예배실로 다시 돌아와서 조용기 목사님의 신유기도 시간에 기도하는데, 별안간 몸에 힘이 생기는 거예요. 식욕이 돋기 시작했어요. 그 시간 이후로 배가 전혀 안 아파요. 이렇게 밥을 많이 먹어도 안 아파요. 너무 신기하고 놀라워요! 정말 감사해요! 내 병을 고쳐 주신 하나님, 감사합니다(Thank you God for healing my disease)!"

그러면서 맛나게 식사하는 게 아닌가? 그 모습을 보니 나도 너무 기뻤다. 가만 보니 그의 얼굴에 힘이 있고 광채까지 나는 것 같았다.

그 뒤로 데이비드는 찬양팀에 들어가 하나님께 영광을 돌렸다. 그가 앞에 나와 찬양하는 모습을 보고 봉사하는 분들이 말했다.

"두 번째에 서서 찬송하고 있는 저 사람은 표정이 밝아서 그런지 얼굴에서 빛이 나는 것 같아요."

사람이 진정으로 감사하게 되면 데이비드처럼 얼굴이 변하고 빛이 나는 모양이다. 이후 그는 회사에서 일을 잘하여 인정도 받고 교회 봉사도 열심히 했다. 어느 날 그가 나를 찾아왔다.

"엘더 킴, 나 의정부에 돈 많이 주는 일자리가 생겨서 내일 떠나요."

"그럼 이제 우리 교회에 못 나오겠네."

"아니요. 일요일에는 이리로 나올 거예요."

정말로 다음 주일 예배에 데이비드가 참석했다. 의정부에서 시화공단까지 세 시간 이상이나 걸렸지만 그는 이 교회에서 은혜받은 것에 감사해서 예배드리러 왔다며 환하게 웃었다. 예배가 끝나고 다시 의정부로 돌아갈 때도 기쁜 얼굴을 감추지 못했다.

그러나 매주 의정부에서 이곳까지 먼 길을 왕복하도록 놔둘 수는 없어서 데이비드에게 의정부 쪽에 있는 외국인교

나의 오병이어

회를 알려 주었다.

"이제부터는 그 교회에서 예배드려. 주일마다 장거리를 오고가는 건 무리야."

데이비드는 내 권면을 받아들여 숙소 근처에 있는 교회로 옮겼다. 하지만 이따금 예배드리러 와서 반가운 얼굴을 보여 주었다.

다니엘의
잃어버린 지갑

나이지리아에서 온 다니엘이란 친구가 있었다. 평소에는 잘 안 보이다가 교회에 큰 행사가 있거나 선물을 주는 날이면 어김없이 교회에 나타나는 형제다. 그러던 그가 어느 주일 불쑥 나를 찾아왔다. 표정이 좀 어두웠다.

"다니엘, 반가워. 그런데 무슨 일 있어?"

그는 다급한 목소리로 사정을 털어놓았다.

"엘더 킴, 지난주에 내가 집에 가져가려고 3년 동안 벌어놓은 돈 전부를 미국 달러로 바꿨어요. 그 돈을 지갑에 넣어 뒀는데 그만 버스에서 통째로 잃어버렸어요. 난 이 돈이 꼭 있어야 해요. 돈 찾기 전에는 귀국도 못 해요."

큰돈을 잃어버리고 당황해서 교회에 도움을 청하러 온 것이었다.

"엘더 킴, 교회에 가면 하나님이 돈을 찾아 줄지도 모른다고 해서 왔어요. 예배도 드렸으니 내 돈 좀 찾아 줘요. 빨리요."

황당했지만, 그래도 우리 교회를 '의지할 수 있는 곳'으로 여긴다는 사실이 기뻤다.

"그럼 그 돈을 찾아 달라고 하나님께 같이 기도하자. 잃어버린 돈은 경찰에게 찾아 달라고 해야 해. 그러나 우리가 기도하면 하나님께서 듣고 계시니까 찾아 주실 거야."

"네, 알았어요."

그날 예배에 참석한 모든 형제에게 다니엘을 위해 함께 중보기도 하자고 요청했다. 외국인 근로자들은 내심 하나님이 이 일을 어떻게 해결해 주실지 기대하는 눈치였다. 우리는 큰 소리로 하나님께 합심기도를 올려 드렸다. 기도가 끝나자 다니엘이 또다시 막무가내로 내게 매달리기 시작했다.

"엘더 킴, 이제 기도도 했으니 엘더 킴이 내 잃어버린

나의 오병이어

돈 3,200달러를 내놓든지 아니면 돈 찾으러 가요. 빨리요!"

나는 다니엘을 달래며 이렇게 말했다.

"그래, 함께 기도했으니 좀 기다려 보자."

"아니에요. 오늘 찾으러 가야 해요. 엘더 킴, 빨리요! 빨리 안 찾아내면 아주 잃어버려요!"

할 수 없이 지갑을 놓고 내렸다는 버스 회사를 찾아가 보기로 했다.

"이제 돈을 찾으러 가보자. 하나님이 꼭 네 돈을 찾아 주실 거야."

그런데 다른 외국인 친구들도 함께 가고 싶다고 해서 교회 버스까지 움직여야 했다. 버스 회사에 도착한 우리는 사무실에 우르르 몰려 들어갔다. 별안간 나타난 외국인들 때문에 직원들이 놀랐다. 나는 한 여사원에게 물어보았다.

"안녕하세요. 사장님은 어디 계십니까?"

"원래 저희 사장님은 평소 사무실에 잘 나오지 않는데 오늘은 마침 나와 계십니다. 저기 서 계신 분이에요."

외국인들 여럿이 찾아와서 그랬는지 버스 회사 사장은 내 말을 끝까지 진지하게 들어 주었다. 다니엘의 사정을 듣고 난 후에 그는 내 얼굴을 쳐다보면서 되물었다.

"그러니까 잃어버린 그 지갑에 돈이 들어 있었다는 거죠?"

"네. 꽤 많은 돈이 들어 있었습니다."

그러자 사장은 고개를 좌우로 흔들며 자신 없다는 표정으로 이렇게 말했다.

"돈이 많이 들어 있었다면 찾기 어려울 것 같은데요. 어쨌든 경리국에 신고하고 가시면 최선을 다해 찾아보고 연락드리겠습니다."

그는 이렇게 말하고 그 자리를 떠났다. 할 수 없이 경리국으로 가서 자초지종을 다시 설명한 뒤에 내 명함을 두고 돌아왔다. 다니엘은 지갑을 찾지 못했다며 낙담했지만 나는 희망을 잃지 말라고 조언했다. 내가 해줄 수 있는 최선의 위로였다.

"최선을 다했으니 하나님이 일하시도록 하고 우리는 기다려 보자."

3일 후 버스 회사의 총무과장이라는 사람이 전화를 했다.

"외국인교회 김학재 장로님 되십니까?"

"네, 그렇습니다. 혹시 다니엘의 지갑을 찾으셨나요?"

나의 오병이어

"그 외국인이 잃어버린 지갑에 정확하게 어떤 것들이 더 들어 있었나요?"

"네? 그럼 뭔가 찾긴 찾았나 보군요."

"그렇습니다. 하지만 그 지갑에 3,200달러 외에 어떤 것이 들어 있었는지 말씀해 주셔야겠습니다."

"네. 지갑 속에 구깃구깃한 나이지리아 지폐가 한 장 있을 겁니다. 그 나라에서는 헌 돈을 지갑에 넣고 다니면 돈이 많이 들어온다는 풍습이 있거든요. 그래서 대부분 새 돈을 일부러 구깃구깃하게 헌 돈으로 만들어서 지갑 속에 넣어 둡니다. 다니엘도 당연히 그렇게 했을 겁니다."

"아, 네. 알겠습니다. 잃어버렸다는 지갑을 찾은 것 같습니다. 죄송하지만 저희 사무실에 한번 와 주시겠습니까? 이번 일과 관련해서 부탁드릴 것이 있으니 장로님 혼자 오시면 좋겠습니다."

"알겠습니다. 그렇게 하지요."

약속은 했으나 다니엘과 같이 가고 싶었다. 다니엘에게 지갑을 찾았다는 사실을 알린 후 조용히 만나기로 했다. 약속 시간에 맞춰 다니엘을 기다리는데 밖에서 웅성거리는 소리가 들렸다. 다니엘과 함께 나이지리아 출신 교우들이 전부 와 있었다. 이들 모두는 일을 다 마치고 나서 다니엘의 지갑을 찾았다는 소식을 듣고 기뻐서 달려온 것이었다.

"미레이클(miracle), 미레이클!"

이렇게 외치며 활짝 웃는 사람도 있고, 신사복을 입고 카메라를 든 채 기념될 만한 장면을 촬영하겠다는 사람도 있었다. 당혹스러웠다.

'다니엘과 둘만 다녀오려고 했는데 이걸 어떻게 하지?'

하지만 내가 망설이는 사이에 외국인 친구들이 벌써 교회 버스에 올라 자리를 차지하고 앉았다. 할 수 없이 모두를 태우고 차를 몰아 버스 회사로 갔다. 우리를 본 총무과장이 당황한 표정으로 내게 물었다.

"어쩌자고 이렇게 많이 데려오셨어요."

그렇다고 사람들을 돌려보낼 수도 없는 노릇이라 체념한 듯 회의실로 우리를 안내했다.

"찾으시던 지갑이 나왔습니다. 지갑을 분실한 날, 한 초등학생이 버스에서 지갑을 주워서 운전사에게 전했고 그 모습이 고스란히 버스 안에 설치된 CCTV에 찍혀 있었습니다. 운전기사는 그날 요금통과 함께 지갑을 경리국에 접수했고요. 이를 통해 지갑이 회사에 접수된 것을 알게 되었습니다.

버스 회사 내부 감사를 통해 알아보던 중에 다행히 지갑을 찾을 수 있었습니다."

"사실 저로서는 이번 일이 잘 이해가 되지 않습니다. 평소 사무실에 잘 계시지 않던 사장님이 그날따라 나오셨다가 여러분을 만나 지갑을 꼭 찾아 주라는 지시를 내린 일도 그렇고, 원래 돈이 많이 든 지갑을 잃어버리면 경찰이 수사해도 찾기 힘든데 이렇게 회사 내부 감사만으로 찾게 된 것 또한 믿어지지 않는 일입니다."

여기까지 말한 뒤에 총무과장은 잠시 숨을 고르고 입을 열었다.

"부디 저희 회사도 이 지갑을 찾느라 애를 많이 썼다는 것을 알아주시면 감사하겠습니다. 어렵게 찾아 드린 것이니 죄송하지만 이것을 누가 갖고 있었는지는 묻지 말아 주십시오. 부탁드립니다."

그러면서 그는 뚱뚱한 지갑을 내놓았고, 그 안에는 3,200달러가 그대로 들어 있었다. 다니엘은 지갑을 보자마자 기쁘게 소리쳤다.

"내 지갑 맞아요! 기적이 일어났어요!"

그 자리에 있던 외국인 친구들 모두 환호성을 지르며 즐거워했고, 우리는 되찾은 돈을 봉투에 넣어 '미레이클' 사

나그네의 아픔을 아시는 하나님이 기적을 베풀어 주셨다.
3년 동안 힘들여 번 돈을 다시 찾은 기념으로 찍은 '미레이
클 사건.'

나의 오병이어

진을 찍었다.

하지만 나는 궁금했다. 지갑에 든 돈은 다니엘이 3년 동안 모은 것이라 결코 적은 액수가 아니었다. 그런 돈을 고민 끝에 어렵게 내놓은 정직한 사람이 누구인지 알고 싶었다. 그래서 외국인 친구들을 모두 차에 태운 후 따로 총무과장에게 지갑을 가져온 사람이 누군지 물어보았다.

"사실은 시끄러워질까 봐 장로님 혼자 오시라고 한 겁니다. 이렇게 따로 물어보시니 말씀드리겠습니다만 저 외국인들에게는 모르는 척해 주시면 감사하겠습니다."

"어떤 분이 지갑을 돌려주신 건가요?"

"저희 회사에도 장로님이 한 분 계신데요. 그분이 양심선언을 하신 겁니다. 거기까지만 알려 드릴게요."

"그렇군요. 잘 알겠습니다. 더 묻지 않겠습니다."

이 일로 장로님이 죄에서 해방되었고, 다니엘은 돈을 찾아 집에 가게 되었으니 얼마나 기쁜 일인가. 또한 외국인 친구들이 살아 계신 하나님께 감사드림으로써 그들의 믿음이 한층 성장하게 되었으니 이 또한 기쁜 일이지 않은가.

총무과장의 말대로 이 사건은 그렇게 쉽게 해결될 일이 아니었다. 그런데 성령 하나님께서 지갑을 가져간 장로님의 마음을 움직여 주시고, 주변 상황을 주관하심으로 외국인 친구들의 말대로 기적이 일어났다. 우리의 간절한 기도를 들으시고 나그네의 설움 묻은 돈을 돌려주신 하나님, 우리는 다시 한 번 하나님을 찬양하면서 감사드렸다. 할렐루야!

끝은
또 다른 시작이 되다

시화외국인교회를 시작한 지 5년 정도 되었을 때 본 교회에서 외국인 예배국이 설립되었다. 더 좋은 시설에서 각 나라의 언어로 외국인 예배가 드려지게 된 것이다. 신중한 논의 끝에 시설이나 교역자 구성 등 제반 여건이 더 나은 본 교회에서 외국인 예배를 일괄 수용하는 게 맞다는 결정을 내렸다. 시화외국인교회 사역은 여기서 종료하기로 했다.

5년 동안의 외국인교회 사역을 정리하려다 보니 우리 가운데 역사하신 하나님의 손길이 새삼 감사했다. 함께 예배하고 밥을 먹고 울고 웃으며 정이 든 외국인 친구들과의 추억도 하나하나 스쳐 지나갔다. 처음부터 끝까지 흔들리지 않고 신실하게 예배와 공동체를 섬겨 준 자원봉사자들도 주마등처럼 지나갔다.

시화외국인교회는 과거 속으로 사라지지만 하나님이 우리의 수고를 기억하실 것이다. 이 사역과 관련된 것들이 하나도 헛되이 사라지지 않고 새로운 씨앗으로 뿌려지게 될 것이다.

사역을 마치고 재정을 정리해 보니 그동안 모아 놓은 선교 헌금이 1,100만 원가량 남아 있었다. 이 헌금을 어떻게 사용해야 할지 기도하는 중에 하나님이 합당한 곳을 연결해 주셨다.

사역 초기, 영어 예배실에 대형 TV를 보내 준 김제현 집사님! 그분을 우리에게 보낸 분이 김종오 전도사님이다. 전도사님은 그동안 목사 안수를 받고 케냐에서 선교 사역을 감당하고 있었다. 케냐의 여러 지역에 교회를 세운 뒤 사모님과 함께 의료 선교를 힘겹게 감당하고 있는데, 마침 의료용 차량이 필요하다는 소식을 듣게 되었다. 더 생각할 것도 없이 남은 선교헌금에 돈을 조금 더 보태어 차량 구입비로 헌금했다. 또한 예배 때 사용하던 손때 묻은 악기와 음향 장비, 의자와 각종 비품을 정리해 보니 11톤 트럭 11대 분량이 나왔다. 이것 역시 무상으로 받은 것들이라 우리도 미자립 교회들에 무상으로 기증했다.

하나님은 시화외국인교회가 사역하는 동안 언제나 함께하셨고 필요한 것이 있을 때마다 꼬박꼬박 채워 주셨다. 하나님은 우리 삶 가운데 행하신 것처럼 다른 교회에서도 같은 역사를 이루어 가셨다. 그분의 살아 계심과 전능하심을 명확하게 우리에게 보여 주셨다.

외국인 사역을 하면서 확실하게 깨달은 것이 있다. 하나님의 일을 할 때는 세상적인 조건을 따질 필요가 없다는 것이다. 다만 하나님께 헌신하고자 하는 진실한 마음을 보시고 하나님이 놀랍도록 역사하시고 준비해 주셨다. 예상치 못한 방법으로 사람을 보내 주시고 물질을 채워 주셨다.

나의 오병이어

어떤 집사님의 간증이 생각난다. 울산에서 동태 장사를 하는 어느 집사님에게는 간절한 소원이 하나 있었다. 그 소원이란, 죽기 전에 반듯한 성전 하나를 하나님께 봉헌하는 것이었다.

그렇게 10년 가까이 기도를 해왔는데 여전히 그의 삶에는 변화가 없었다. 그럼에도 집사님은 포기하지 않고 간절히 기도했다. 동태를 머리에 이고 다니면서도 기도를 멈추지 않았다.

"하나님, 저의 꿈을 기억해 주세요. 저도 하나님께 쓰임 받게 해주세요. 하나님이 살아 계심을 저에게 보여 주세요."

어느 날 한 할머니가 그를 불렀다. 할머니는 골동품 상자에서 복주머니 하나를 꺼내 풀면서 이렇게 말했다.

"이보게, 이 보따리는 내가 평생 모은 동전인데, 이 보따리를 자네 동태 한 상자랑 바꿔 주게나."

그는 평생 모은 보따리라는 말에 감동이 되어 셈을 해보지도 않고 동태 한 상자와 바꿔 주었다. 집에 돌아와서 복주머니를 풀어 보니 동전도 아닌 이상한 것이 들어 있었다. 너무 이상해서 목사님께 가져가 물어보았다. 목사님도 그것이 무엇인지 알 수 없어서, 서울 인사동 골동품 가게에 찾아가 감정을 의뢰했다. 가게 주인이 눈을 게슴츠레 뜨고선 값을 많이 쳐줄 테니 그것을 자신에게 팔라고 했다. 얼마를 주겠냐고 물으니 10만 원을 주겠다고 했다.

목사님은 가슴이 떨렸다. 45년 전에 10만 원이면 엄청난 금액이었다. 목사님은 이렇게 대답했다.

"이 물건은 내 것이 아니고 감정만 하러 온 것이니까 팔 수 없습니다. 다음에 다시 들르지요."

그러자 가게 주인이 "100만 원을 드리겠습니다" 했다. 순간 목사님은 그것이 엄청난 골동품임을 알아차렸고, 팔 수 없다고 하면서 가게 밖으로 나왔다. 그러자 가게 주인이 따라 나와서 붙잡으며 이번에는 200만 원을 주겠다고 했다. 그런 식으로 계속 100만 원씩 올라 500만 원이 되었다. 그래도 목사님이 안 팔겠다고 하자, 가게 주인이 말했다.

"이번이 마지막입니다. 600만 원 드리겠습니다. 아니면 그냥 갖고 가세요."

목사님도 이것이 마지막 기회라 느끼고 600만 원에 팔

　　　　　　　　　나의 오병이어

왔다. 나중에 알고 보니 그 골동품은 6·25 당시 미군 장교가 갖고 있던 것인데, 그가 전사해서 몸이 다 썩고 그 골동품만 남은 것을 할머니가 산에 갔다가 주워 온 것이었다. 목사님은 600만 원을 들고 후들거리는 다리를 진정시키며 울산에 내려와 집사님에게 주었다. 집사님은 눈물을 평평 흘렸다.

"하나님, 감사합니다. 정말 살아 계심을 보여 주셨군요. 제 기도를 들으셨군요."

집사님은 400만 원을 건축헌금으로 드렸다. 그리고 남은 200만 원을 앞에 놓고는 "하나님, 이 돈으로 무엇을 할까요?"라고 물으며 기도했다. 며칠 동안 기도하는데, 하나님이 울산 앞바다에 있는 모래 자갈밭을 그에게 환상으로 보여 주셨다. 그 자갈밭은 풀 한 포기, 나무 한 그루도 심을 수 없는 땅이었다. 거저 주어도 갖지 않을 땅인데, 기도만 하면 그 자갈밭이 환상으로 보였다. 그래서 5천 평에 달하는 그 땅을 평당 300원씩 계산하여 150만 원에 주고 샀다. 그리고 몇 년에 걸쳐 기도했다.

"하나님, 저 땅을 어떻게 사용하실 건가요?"

어느 날 집사님 집 앞에 자가용 한 대가 멈추더니 두 명의 신사가 내렸다. 그들은 가방을 열더니 서류를 꺼내 놓고 그 땅을 팔라고 했다. 얼마나 주겠냐고 물으니 천만 원을 주겠다고 했다. 집사님은 팔지 않겠다고 했다. 다시 며칠 후 그 신사 일행이 또 찾아와서 1억 원을 줄 테니 그 땅을 팔라고 했다. 안 판다고 했더니 2억을 주겠다고 했다. 그래도 안 판다고 했다. 그러다가 결국 그 땅을 29억 원에 팔았다.

그곳은 현재 울산 현대자동차의 정문 자리가 되었다. 이 이야기는 실화다. 이후 그 집사님은 예수님이 몸 되시는 교회에 2억 원을 건축헌금으로 드렸고, 크고 아름다운 교회당을 봉헌하여 하나님께 크게 쓰임 받게 되었다.

하나님은 주님 앞에 쓰임 받고자 하는 선한 꿈을 꾸는 자들에게는 당신의 은혜를 넘치도록 부어 주신다. 하나님에겐 불가능이란 없다. 동태 장사하던 집사님은 동태를 팔아서 모은 돈으로는 교회를 지을 수가 없었다. 그러나 그 집사님은 배운 것 하나 없고 가진 것 하나 없어도, 하나님이 동행하시면 이런 기적이 일어난다는 사실을 체험했다.

이처럼 하나님은 무에서 유를 창조하신다.

믿음으로 모든 세계가 하나님의 말씀으로 지어진 줄을 우리가 아나니 보이는 것은 나타난 것으로 말미암아 된 것이 아바다 위에 떠 있는 작은 얼음은 물속에 엄청난 빙산의 얼음덩어리를 감추어 두고 있듯이, 우리 눈에 보이지는 않지만 주님의 능력의 손이 우리를 언제나 붙잡고 있는 것을 믿기 바란다. 그것을 알아보는 것이 바로 믿음의 눈이다. 가진 것이 없어도 하나님의 일을 위해 말없이 헌신하고자 하는 간절한 믿음만 있으면 되는 것이다. 그 믿음으로 소원을 하나님께 기도로 아뢴다면, 하나님은 그분의 방식대로 응답하여 소원을 이루어 주신다.

불가능할 것 같던 외국인 사역도 오직 하나님께서 하나님의 방법대로 이끌어 가셨다. 외국인 근로자 한 영혼을 귀하게 여기시는 하나님은 결코 그들을 외면하지 않으셨다. 그들의 영혼을 구원하기 위해, 그들을 위로하기 위해 봉사자들에게 헌신할 마음을 주셨고, 그 영혼들을 하나하나 모으셨다. 나 또한 감사하게도 그 일에 쓰임 받을 수 있도록 헌신할 마음을 주셨고 헌신할 수 있도록 이끌어 주셨다. 오직 그 은혜에 감사의 고백을 하나님께 드린다. 할렐루야!

6장

낮은 자를 주목하시는
하나님

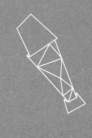

이 지구상에는 굶주림에 고통받는 아이들이 있다.

풍족한 사랑을 받지 못해 아파하는 아이들이 있다.

질병으로 괴로워하는 아이들이 있다.

예수님은 그 아이들을 포기하지 않으신다.

연약하고 순수한 그 아이들이 복음으로 무장되길 바라신다.

그리고 우리로 하여금 복음의 횃불을 들라고 말씀하신다.

그 아이들의 마음속에

그리스도의 위대한 사랑을 전하라고 말씀하신다.

이제 우리가 그 사랑을 전해야 한다.

필리핀 톤도

선교 현장을 찾아

필리핀에는 대한민국의 용산 기지와 비슷한 곳이 있
다. 메트로 마닐라 중심에 위치한 보니파쇼 글로벌시티다.
30년 전에 미군이 철수하면서 필리핀 정부에 반환되었고,
이후 신국제 도시로 개발되었다.

그 신도시에 방문했을 당시의 이야기다. 그곳에 도착
했을 때 나는 가장 먼저 교회를 찾았다. 나는 한국인이 운영
하는 작은 식품점에 들어가 물었다.

"혹시 이 지역에 한국인 교회가 있나요?"

"교회요? 음… 다음 블록에 있는 건물 1층에 교회가 있
을 거예요."

"아, 감사합니다."

"한국인들이 모여 예배드리는 곳인데 '보니파쇼 갈릴
리 교회'예요."

주인은 교회 광고지도 함께 건네줬다. 그 주일 나는 그
교회를 찾아갔다. 처음 가본 교회지만 조금도 어색하지 않
았다. 사모님이 입구에서부터 밝게 맞아 주신 덕분이기도
할 것이다. 조재완 담임목사님과 만나 대화를 나누는 시간

도 가졌다.

"목사님, 이곳에서만 사역을 하시나요?"

"저는 지금 톤도, 몬탈반, 문틴루파, 카르모나 등 다양한 지역에서 사역하고 있습니다. 우리들의 손길이 절실히 필요한 곳들이죠."

목사님은 다양한 방법으로 섬김과 헌신을 이어 가고 있었다. 한국에서 방문하는 선교팀들과 필리핀 교회를 섬기는 필리핀 사역자들과 함께 연합하여 의료 선교를 비롯해 헌 옷과 쌀, 생활용품 등을 제공하고 급식을 하는 구제 사역을 하고 계셨다.

"얼마 전부터는 어린이 성경학교를 시작하고 있습니다. 그런데 선교지가 빈민가인 탓에 아쉬운 점이 있어요."

목사님은 어린이 사역에 관심이 크셨다.

"그러나 그들은 나눠 주는 물품에만 관심을 두고 영적으로 거듭나는 데는 관심이 적어 아쉽습니다."

특히 '톤도' 내에 있는 '파롤라(Parola)' 지역이 가장 심각하다고 했다. 톤도는 마닐라 항구 노스하버(North Harbor) 진입로에 위치한 마닐라의 대표적인 슬럼 지역이다.

"사실 그곳은 마약 거래자와 알코올중독자들이 많아

요. 필리핀에서 범죄율이 가장 높은 곳이죠. 그곳을 갈 때마다 얼마나 안타까운지 몰라요."

가본 적은 없지만 분위기가 짐작되고도 남았다.

"주민들은 대부분 야간 시장의 경비원, 짐꾼, 주차 안내, 청소부, 심부름꾼이나 마늘 까기 같은 허드렛일을 하며 살죠."

"교육률은 어떤가요?"

"예상하셨겠지만 매우 저조해요. 초등학교 진학자가 40%니까요. 중·고등학교 졸업자는 30%, 대학 졸업자는 1% 미만이에요."

그곳의 아이들은 생존 자체를 위협하는 열악한 주거환경에서 거의 방치되다시피 자라고 있었다. 특히 성장기 청소년들은 범죄의 유혹에 노출되어 있었다. 목사님은 그런 아이들이 너무 안타까워 어린이 선교에 발 벗고 나섰던 것이다. 뿐만 아니라 의료 선교의 경우 장기적이고 체계적인 목표를 두고 사역을 감당하고 있었다.

"장로님, 오신 김에 톤도 선교지 한번 가보지 않으실래요?"

목사님의 광범위하고도 따뜻한 선교에 도전을 받고 있

는데 불쑥 내게 톤도에 같이 가보자고 했다.

"그러죠. 한번 가봅시다."

목사님이 직접 운전하는 차를 타고 톤도 현장에 도착했을 때, 아무도 차에서 내릴 생각을 하지 않았다.

"왜 안 내리세요?"

"네, 잠시 기다려 보세요. 만일 이곳에 차를 두고 나가면 5분도 채 안 돼 타이어 4개가 다 없어질 겁니다."

"네? 그게 무슨 말씀이죠?"

잠시 후 사모님이 말했다.

"빅토르가 왔어요."

그제야 목사님이 차에서 내렸다. 상의는 홀랑 벗어 두고 허름한 반바지 하나 겨우 걸쳐 입은 이가 빅토르인 모양이었다. 앞니도 두어 개 빠져 있었다. 빅토르가 차 가까이로 다가오자, 그제야 일행은 차에서 내렸다. 그에게 차를 맡긴 것이다. 이 지역의 분위기가 어떤지 충분히 짐작할 수 있는 장면이 아닐 수 없었다. 타이어가 한순간에 도난당하는 위험천만한 곳이었다.

안내하는 길을 따라가는데 길 한가운데로 생활 하수가

나의 오병이어

흘렀다. 내가 상상했던 것보다 훨씬 심각했다. 좀 더 가니 구멍이 숭숭 뚫린 콘크리트 뚜껑으로 하수도를 덮은 길이 나왔다. 길 양쪽으로 서로 어깨를 기댄 집들이 빽빽이 들어차 있는데 마당도 없었다. 보행로는 마늘을 까거나 옷을 빨래하는 사람들이 차지했다. 세탁과 취사를 길에서 해결하고 있는 것이다. 한마디로 취사장과 작업장으로 길을 이용하고 있었다. 상당수 가정의 가장들은 알코올중독자이거나 마약중독자여서 한낮에도 방에 드러누워 빈둥댔다. 취사와 작업을 위해 길을 점령한 이들은 모두 아낙네들이었다. 언쟁이 붙으면 칼부림은 예사고 총부림도 났다.

"이곳은 누구나 총을 휴대할 수 있기 때문에 마약을 한 사람은 위험 대상일 수밖에 없어요. 예전에 교회 자매 한 분이 싸움 현장 가까이에 있다가 날아온 총알에 목숨을 잃어버린 일도 있었어요. 성경학교에 열심히 나오던 어린이 하나는 술에 취한 고모가 휘두른 칼에 찔려 목숨이 위태로운 지경에 이르렀죠. 다행히 목숨은 건졌지만 그 후유증으로 정상적인 생활을 하기가 어려워졌어요…."

목사님은 말을 잇지 못했다. 듣는 나도 가슴이 찡해졌다.

필리핀 톤도 슬럼 지역에서 아이들이
찬양을 부르고 있다.

나의 오병이어

머리가 어질어질해질 정도로 하수도 냄새가 지독한 비좁은 골목을 지나서 한참을 들어가니 동네 농구장이 눈에 들어왔다. 그곳에서 어린이들의 찬양 소리가 들려왔다. 삭막한 이곳에 신선한 공기를 공급하는 소리였다. 비좁은 골목이 갑자기 환해지는 것 같았다.

"어린이들이 함께 예배드릴 장소가 따로 없어서 필요할 때마다 몇 시간씩 이곳을 빌립니다. 주로 4세에서 6세 어린이들이 모이죠."

가만 보니 형이나 누나 등에 업혀 온 아기들도 있었다. 대략 300여 명이 그 농구장에서 있는 힘을 다해 찬양을 부르고 있었다. 귀여운 참새 같다고 생각했다.

아이들은 예배보다 뒤쪽에 준비된 식사와 고무로 된 어린이 슬리퍼에 마음이 쏠려 있었다. 많은 아이들이 맨발이었다. 짧지만 강력한 복음의 메시지가 선포된 후에, 필리핀 전도사 레이가 예배에 참석한 어린이들에게 노란색 표를 하나씩 나눠 주었다. 이날 농구장 맨바닥에 앉아 있는 어린이 숫자가 준비된 특식과 슬리퍼 수보다 많았다. 준비된 것은 200여 인분에 불과했다. 모두에게 하나씩 돌아가지 못하는 난처한 상황이었다. '아 헌금을 좀 더 할걸' 후회가 막급했다.

톤도의 슬럼 지역에서 아이들은 예배 후 도시락을 받았다.

톤도 사역을 하는 목사님과 교회 간사와 함께.

나의 오병이어

"나누어 줄 물품이 모자라서 어쩌죠?"

걱정이 되어 레이 전도사에게 물어보았다.

"평소 주일예배에도 참석하고, 매주 토요일에 열리는 성경학교에 잘 참석한 어린이들을 우선으로 표를 나눠 줍니다. 모자라긴 하지만, 너무 걱정하지 않으셔도 됩니다. 음식은 천 명 분을 준비해도 모자랄 수밖에 없어요. 안타깝긴 하지만 어쩔 수 없어요."

그때 무리들 틈바구니에서 벽에 기대 서 있는 소녀가 눈에 들어왔다. 열다섯 살도 안 되어 보이는데 언뜻 보기에도 배가 나와 있었다.

'어린 소녀인데 왜 배가 나왔지?'

레이 전도사에게 그 까닭을 물으니 뜻밖의 대답이 돌아왔다.

"저 아이는 지금 임신 중입니다."

"네? 저 어린아이가요?"

상상도 못했던 일이라 너무 놀라 한동안 입이 얼어붙어 버렸다. 마음이 아프다 못해 고통스러웠다.

"이곳은 낮은 교육률에 비례해 미성년 출산율이 높은 곳이에요."

교육률은 낮고 문맹률이 높은 이곳에서 아이들은 미래 없는 삶을 살고 있었다. 시선이 가는 곳마다 범죄의 현장이기도 했다. 선교원은 평생 학교 문턱도 넘어 보지 못한 어린 부모들을 위해 야학을 개설해 운영하고 있었다. 필리핀에서는 교육부와 복지부 주관으로 정해진 시험에 합격하면 초등학교 졸업 인정서를 발급해 주었다. 이 인정서를 받기 위해 아이들은 아기를 업고 나와 공부했다. 매년 10명 정도의 아이들이 초등학교 졸업 인정서를 받고 있다고 했다.

놀랍게도 선교와 교육으로 양육한 아이들을 통해 부모가 변화되기도 한다고 했다. 또한 4세에서 6세 아동을 대상으로 하는 선교원 사역은 현재 톤도에 이어 돈갈로 지역으로까지 확대되어 운영되고 있었다.

감사를 고백하는
아이들

"토요성경학교 예배 때, 참석한 어린이들을 대상으로 두 가지 질문을 던집니다. 첫 번째 질문은 '지난 한 주간 하나님께 감사드릴 것이 있으면 손들고 말하세요'예요. 그런데 글쎄 아이들이 저마다 손을 번쩍 들면서 대답을 해요. 뭐라고 하는지 아세요?"

열악한 환경에서도 어린이 사역을 감당하는 목사님이 말했다.

"아이들이 이렇게 대답을 합니다. '아빠가 일할 곳이 있어서 감사해요.' '밥 굶지 않고 하루에 두 번은 먹을 수 있어서 감사해요.' '엄마가 저를 버리지 않고 함께 살아 주어서 감사해요.'"

순간 가슴 저 밑바닥에서 뜨거운 것이 올라오는 듯했다. 특히 세 번째 대답이 가슴 아팠다.

"두 번째 질문은 '장차 자라서 어떤 일을 하는 사람이 되고 싶으세요?'예요. 그런데 어떤 아이가 '선교사가 되고 싶어요'라고 말하는 거예요. 이런 대답을 들으면 위로와 힘을 얻어요. 저는 레이 전도사, 테스 교사와 함께 소망의 기도가 이루어지도록 함께 기도해요."

아이 눈에 비친 사역자들의 따뜻한 열정이 선교가 꿈인 아이로 만들고 있구나 싶었다.

그렇게 감사의 고백을 나눈 후 목사님은 아이들을 위해 기도해 준다고 했다. 그날 나는 목사님의 기도 소리를 듣게 되었는데, 그 기도문은 평생에 잊지 못할 감동을 선사했다.

"하나님, 지금은 두세 명이 모여 손을 부여잡고 올려드린 기도가 전부이지만 훗날 마음껏 가르칠 수 있는 공간에서 2부, 3부로 나눠 아이들을 가르치고 돌볼 수 있게 하여 주옵소서. 그런 소망을 주시는 우리 주님을 찬양합니다. 지금은 유치원 과정의 아이들을 양육하지만, 장래에는 초등학교에서 고등학교, 더 나아가 대학교로까지 성장하는 사역이 되도록 기도합니다. 선교원에서 10년 동안 성장한 그들이 이제는 청년으로 자라났습니다. 그 어린이들이 선교원에 모여서 목요철야예배와 새벽기도를 시작하였고, 그 청년들이 성령 충만한 믿음을 갖고 주의 일꾼으로 성장했습니다. 불꽃같은 눈동자로 이곳을 지켜보시는 주님! 희망의 빛이라곤 찾을 수 없는 이곳에서 절망을 딛고 일어나 보려는 이들의 뜨거운 눈물과 기도를 기억해 주세요. 성령 하나님을 만나고 그분을 의지하며 모셔 들이는 이들이 날로 많아지게 하옵소서. 어둠의 땅을 하나님 영광의 빛으로 생명의 빛으로 환히 비춰 주시옵소서. 예수님의 이름으로 기도합니다. 아멘."

나의 오병이어

잠재력을 보는
시선이 중요하다

극동방송 김장환 목사님의 장남 김요셉 목사님은 혼혈
아로서 어린 시절부터 검은 머리에 노란 피부로 인해 친구
들에게 놀림을 많이 받았다고 한다. 그의 저서《삶으로 가르
치는 것만 남는다》에는 다음과 같은 일화가 있다.

그는 수원에서 태어나서 초등학교 3학년 때까지 한국
학교를 다녔다. 그가 초등학교 4학년이 되던 해 여름에 안
식년이 되어 온 가족이 어머니의 고향인 미국 미시간으로
건너갔다. 한국이라는 낯선 나라에서 외롭게 사신 어머니와
혼혈아라는 꼬리표를 달고 한국 학교를 다녔던 그와 동생들
에게는, 미국행이야말로 하나님의 특별하신 은총이었다. 그
들은 선교관이 있는 교회의 부설학교를 다니게 되었다. 첫
등교를 하던 날, 그는 학교 정문이 가까워지자 가슴이 뛰었
다고 한다.
'학교에 가면 아이들이 날 좋아할까? 여기선 생김새가
비슷하니 날 놀리는 아이들은 없겠지? 공부는 잘 따라갈 수
있을까? 엄마와 집에서 영어로 대화해 본 적은 있지만, 본

격적으로 영어 공부를 해본 적도 없고, 영어로 된 책을 읽을 줄도 모르는데….'

그는 당시 ABCD도 모른 채 4학년 교실에 배정을 받았다. 첫 시간에는 어려운 단어들의 철자를 복습했다. 선생님은 두툼한 단어 카드를 손안에 감추고 학생들에게 말했다.

"이쪽 앞줄부터 시작이야!"

선생님이 "스프링" 하면 맨 앞줄 아이가 일어나서 "S, P, R, I, N, G"라고 말했다. 그는 영어를 조금 알아들을 줄만 알지 철자는 전혀 몰랐다. '첫날부터 창피를 당하면 앞으로 어떻게 학교를 다니지?' 걱정이 태산이었다.

그의 차례가 되었을 때, 그는 선생님과 눈이 딱 마주쳤다. 선생님은 카드를 내려놓고는 그를 불렀다.

"요셉, 앞으로 나올래?"

얼굴이 빨개져서 앞으로 나갔더니, 선생님은 "칠판 앞에 있는 분필을 잡거라" 하셨다. 그는 겁에 질렸다.

'아, 이 선생님은 정말 잔인하구나. 이제 나는 웃음거리가 되거나, 바보가 되거나, 둘 중 하나겠지?'

그가 칠판을 향해 등을 돌리는 순간, 선생님은 아이들에게 설명했다.

"너희들에게 얘기했지? 요셉은 한국에서 온 선교사님

나의 오병이어

의 자녀야. 요셉은 한국이라는 나라에서 태어나서 한국어를 아주 잘한단다. 요셉, 선생님 이름을 한국말로 써 줄래? 선생님 이름은 샤프야."

그는 칠판에 선생님의 이름을 한글로 또박또박 썼다. 그것은 너무나 쉬운 일이었다. 쓰고 돌아서자, 교실이 난리가 났다. 친구들은 마치 그가 이집트 상형문자를 쓴 고고학자인 양 탄성과 환호를 질러대는 것이었다. 어느 용감한 남학생이 손을 들고 말했다.

"내 이름도 한국말로 써 줄래? 내 이름은 탐이야."

그러자 저마다 자기 이름을 써달라고 했다. 요셉이 친구들의 이름을 쓸 때마다 아이들은 감탄하며 박수를 쳤다. 근심과 두려움이 순식간에 기쁨과 자신감으로 바뀌었다. 선생님은 자리로 돌아가라면서 말씀하셨다.

"얘들아, 요셉이 한국말을 참 잘하지? 너희도 선교사가 되려면 다른 나라 말을 이렇게 잘해야 하는 거야, 알았지?"

그때 그는 한 줄기 따뜻한 빛을 느꼈다고 한다. 김요셉 목사님은 당시를 이렇게 회상했다. "환하고 고운 빛이 내 안 어딘가에 숨어 있는 어두움을 몰아냈다." 1년 내내 한국말로 이름 쓰기가 대유행이었고 그는 한국의 스타로 급부상했다. 김 목사님은 그날의 일을 떠올리면 아직도 가슴이 뜨거워진다고 한다.

"영어도 못하는 파란 눈을 가진 아이가 될 뻔했던 저를 선생님은 한국어를 잘하는 아이로 만들어 주셨습니다. 샤프 선생님은 저에게 굉장히 중요한 교훈을 주셨습니다."

샤프 선생님은 '이 학생이 뭘 못하는가?' '무슨 말썽을 피우는가?' '무슨 문제가 있는가?'에 관심을 갖지 않았다. 학습 진도도 관심 밖이었다. 샤프 선생님이 관심을 기울인 것은 오로지 아이들 존재 자체였다. 존재 자체가 아름다움이고 사랑할 만한 대상이었다. 선생님은 한 아이를 부끄럽게 만들지 않고 그의 어린 인생을 빛으로 인도했다.

혼혈아로서 늘 열등감에 시달리던 어린 요셉은 선생님의 '있는 그대로 아름답다'는 강렬한 메시지로 인해 좌절을 성공으로 바꿀 수 있었다. 이후 그는 대학 시절 내내 장학금을 탈 수 있었고 트리니티 대학원 기독교교육학과에서 최연소로 박사학위를 받았다.

필리핀에서 만난 아이들 또한 마찬가지가 아닐까? 그들에게는 무한한 가능성이 있다. 하나님이 그들 한 사람 한

나의 오병이어

사람에게 놀라운 잠재력을 담아 두셨다. 샤프 선생님이 어린 요셉에게서 그 잠재력을 끌어내었듯이 우리 또한 그 아이들의 잠재력을 이끌어 주기 위해 노력해야 하지 않을까? 무엇보다 복음을 통해 하나님을 만나게 해주어야 하지 않을까?

나약한 이를
사용하시는 하나님

충청도의 농사꾼 집안에서 6남매 중 막내아들로 태어난 아이가 있었다. 그는 두 살 때 소아마비를 앓았지만 너무 가난하여 치료할 시기를 그만 놓치고 말았다. 그 후유증으로 어린 시절을 걷지 못한 채 보내야 했다. 그는 보통 사람의 3분의 1 속도로 걸었다. 양 옆구리에 낀 목발에 의지해 겨우 계단을 오르내렸다. 아들의 장애를 부끄러워하며 술로 지새우는 아버지나, 그런 모습을 지켜보며 안타까워하는 어머니나 모두 눈물로 세월을 보냈다. 그는 혼자 힘으로 설 수도 없었기에 기어 다녔다. 비료 포대 위에 엎드려 한 손으로 땅을 짚고, 다른 한 손으로 포대를 잡아끌었다. 맨땅을 기어 다니는 아이를 보고 사람들은 나중에 크면 거지가 될 것이라고 혀를 챘다.

그는 어머니의 등에 업혀 집에서 한 시간 거리인 초등학교에 입학하고자 했지만, 학교는 그가 장애인이라는 이유로 등교를 허락하지 않았다. 어머니와 아들은 교문 밖에서 한없이 울었다. 아들을 등에 업고 돌아오는 길에 어머니는 서러운 마음으로 아들의 얼어붙은 발을 만지며 말했다.

"아가야, 춥지?"

어머니의 그 한마디가 그에게는 그 어떤 말보다 값지고 힘이 났다고 한다. 세상을 살며 힘든 일들이 다가올 때마다 기억나는 귀한 한마디였다. 그 말은 마치 이 세상 어둠 가운데 생명과 빛으로 오신 예수님께서 하신 말씀과도 같았다. 그날 이후 아들은 절망 속에서도 희망의 끈을 놓지 않았다.

그는 어린 나이에도 불구하고 일어서야 한다는 독한 마음으로 11세에 집을 떠났다. 혹독한 아픔을 참고 물리치료와 재활훈련을 받으며 홀로 서는 법을 배웠다. 끔찍한 고문과도 같은 재활치료 끝에, 그는 초등학교 6학년이 되었을 때 처음으로 보조기를 끼고 목발을 짚고 스스로 일어날 수

나의 오병이어

있었다.

그는 서울대학교 수학과를 졸업하고 미국 UC버클리에서 박사학위를 받은 뒤 카이스트와 서울대학교 교수를 거쳐 지금은 고등과학원(KAIS) 교수로 일하고 있다. 2007년, 40세 이하의 젊은 과학자에게 수여되는 '젊은 과학상'도 받았다.

그는 장애를 딛고 인생을 '기쁨 공식'으로 풀어낸 세계적인 수학자 김인강 교수님이다.

김 교수님은 "수학은 외롭고 인내가 필요하지만 모든 분야에서 활용되는 무한한 가능성의 학문"이라고 말한다. 그는 비록 남보다 조금 느리고 불편한 삶을 살고 있지만, 마음만큼은 누구보다 행복하다고 말한다. 그가 주위의 온갖 냉대와 차별 속에서도 장애를 이겨 낼 수 있었던 것은 오직 신앙의 힘 덕분이었다. 그는 주님 안에서 발견한 기쁨 공식으로 소외받는 이들에게 새로운 희망과 용기를 불어넣고 있다.

김 교수님이 대학교 3학년 때의 일이었다. 무거운 가방을 메고 너무 많이 걷다가 폐가 갈비뼈에 부딪혀 큰 구멍이 나고 말았다. 의사는 당장 수술하지 않으면 죽을 수도 있다고 했다. 그는 기도원 한구석에 엎드려 기도했다.

"하나님, 왜 저에게 이렇게 가혹하신가요? 아프기만 하고 쓸모도 없는 저를 데려가 주세요."

그때 등 뒤에서 찬송 소리가 은은히 들렸다.

"내 모습 이대로 주 받아 주소서. 날 위해 돌아가신 주 날 받아 주소서."

그 순간 자아가 꺾이며 회개가 터져 나왔다. 욥이 그랬던 것처럼 그도 하나님의 모든 주권과 통치를 인정했다. 그처럼 연약한 자들에게 희망을 주는 것이야말로 하나님이 자기에게 주신 하나님의 뜻이라는 사실을 그는 깨달았다. 육신의 나약함이 끊임없이 좌절하게 만들었지만 하나님은 그것을 통해 약한 데서 강해지는 법을 배우도록 하셨다. 연약하여 깨지기 쉬운 질그릇뿐인 그를 통해 하나님은 영광을 받으시고 당신의 이름과 선하심을 나타내셨다.

우리 모두는 예수님을 통해 변화된 보배를 담고 있는 깨지기 쉬운 질그릇이다. 깨지는 질그릇이 깨지지 않는 놋그릇보다 하나님의 눈에는 더 귀한 존재일 수 있다. 질그릇은 자신의 약함을 알기에 하나님의 손길을 기다린다. 세상에선 위로받을 수 없지만 오직 하나님의 손길만이 위로가

나의 오병이어

되기 때문이다. 그가 차고 다니는 목발은 불편함의 상징이지만 동시에 그것은 세상을 향해 나아가게 하는 하나님의 선물이었다. 그는 이렇게 말한다.

"하나님은 내가 연약하여 항상 창조주의 도움이 필요한 피조물인 것을 깨닫게 하셨습니다."

김 교수님은 남들보다 불리한 조건을 안고 태어났다. 남들이 당연하게 누리는 것을 그는 누리지 못했다. 그러나 하나님은 그의 연약함을 통해 놀라운 일들을 이루어 가셨고 그를 통해 선한 영향력을 펼치셨다. 누구보다 열악한 조건에서 출발한 그였지만 지금은 사람들의 존경을 받는 위치에서 하나님의 살아 계심을 증거하고 있다. 예수님은 연약한 자를 포기하지 않으신다.

김요셉 목사님과 김인강 교수님의 인생 이야기는 연약한 질그릇을 들어 쓰시는 하나님의 이야기다. 하나님은 필리핀 톤도에서도 그분의 이야기를 써 내려가실 것이다. 다만 나는 톤도의 아이들이 복음으로 무장되어 다이아몬드처럼 빛나는 인생이 되기를 간절히 기도할 뿐이다.

7장

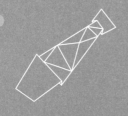

계속 쓰임 받는 삶을
살게 하소서

목마름에 시달리는 인도 사람들.

신분과 계급으로 인해 고통받는 사람들.

세상은 그들을 차별하지만

하나님은 그들을 동일하게 사랑하신다.

그들의 목마름을 해갈해 주시고

그들의 서러움을 치유해 주신다.

하나님의 그 놀라운 사랑은

선별된 선교사들을 통해

미전도국가인 인도로 향하게 하신다.

지금 하나님의 사랑이 더 넓고 더 깊게 스며들고 있다.

주님은 인도를 변화시키는 그 사역자의 자리에

우리를 초대하신다.

복음에 빚진 자인 우리를

예수님의 증인으로 세우신다.

그 감격과 영광의 자리로 부르신다.

영혼을 살리는
우물

인도 마하라슈트라(Maharashtra)주는 매년 3~4개월간 극심한 물 부족을 겪는다. 특히 달릿 계급이 거주하는 빈민촌 지역은 물 공급 문제로 많은 고통을 받고 있다. 그들의 마을에는 우물이 없기 때문에 그들은 매일 3~4km 이상 떨어진 우물에서 물을 긷는다.

그들 대부분은 하루 벌어 하루 먹고 살아간다. 그래서 이른 새벽에 일어나 물을 긷든지 일을 끝내고 돌아온 뒤 피곤한 몸을 이끌고 물을 길어 가든지 한다. 하지만 어렵사리 우물까지 갔어도 물을 길어 오지 못할 수 있다. 물을 함께 마실 수 없는 불가촉천민이라는 이유로 물을 길어 가지 못하게 하기 때문이다.

인도의 주 종교인 힌두교에는 카스트 제도가 있다. 이 제도는 4계급으로 분류되는데 종교 지도자들은 브라만 계급이고 정치, 군사, 외교 지도자들은 크샤트리아 계급이다. 사업가나 하사관, 평민들은 바이샤 계급이고 근로자 등은 수드라 계급이다. 이 4계급에도 속하지 않은 종족이 있는

데 바로 이들을 달릿, 즉 불가촉천민이라고 부른다. 달릿은 종족으로도 인정되지 않는 계급이자 동족으로부터 살이 닿는 것도 거부당할 정도로 천대를 받는 종족이다. 이들은 때때로 물도 못 구할 정도로 멸시를 받는다. 한 가족이 마시고 씻으려면 하루에 적어도 물 두 동이(Stainless Jar)는 길어 와야 하는데 그조차 쉽지가 않다.

그런데 오랜 기간 인도 사역을 후원하던 김윤관 목사님은 우연한 기회에 전기모터 펌프 우물(Motorpump Borewell)에 대해 알게 되었고, 그것이 그들을 살릴 수 있는 도구라고 생

펌프 우물. 물이 솟아오르면 작은 모터 펌프를 달고 주위를 콘크리트로 보호한다.

나의 오병이어

각했다. 전기모터 펌프 우물은 강관 파이프를 30m 이상 땅속에 삽입하고 물이 나올 때까지 계속 파들어 가는 방식을 취한다. 물이 나오기 시작하면 전기로 펌프를 가동시켜 물을 얻을 수 있게 하는데, 연속으로 물이 뿜어져 나오는 구조는 아니지만 매일 물을 길러 가야 하는 그들에겐 축복의 물줄기가 아닐 수 없다.

나는 12년간 우물 사역을 해온 김 목사님을 알게 된 후 부족하나마 목사님의 사역에 동참하게 되었다. 이와 함께 세계교회개척운동(WCPM)에 동참하면서 인도 선교의 일원이 되었다.

2019년 1월 초, 우리 부부는 김윤관 목사님과 함께 우물 준설 예배에 참석하기 위해 그 지역으로 향했다.

뭄바이에서 국내선으로 갈아 타고 1시간 후 아우랑가바드에 내렸다. 우리를 맞이해 주신 분은 존(John) 목사님이었다. 존 목사님은 구레나룻이 있는 미국 서부 카우보이형으로 훈훈한 외모의 소유자였다. 마침 우르밀라(Urmila) 사모님도 함께 나왔는데 고상함이 몸에 밴 미인이었다. 사모님은 영어를 잘해서 현지인의 인도말을 영어로 통역해 주었다. 이분은 인도 카스트 제도 내에서 높은 계급에 속했으나 묵묵히 힘든 선교 사역을 감당하고 있었다.

우리는 이분들과 함께 마을을 다니며 우물을 준설하고 예배를 드렸다. 우리는 가는 곳마다 하나님의 역사를 증거하는 살아 있는 간증을 들을 수 있었다. 그때 들은 살아 있는 간증들을 나누고 싶다.

산토스 부부
이야기

산토스 부부가 세운 가정교회에서 전기모터 펌프 우물 준설 예배를 드리기 위해 성도들과 주민들이 3시간 이상 기다리고 있었다. 붉은 석양이 낮게 깔린 가운데 산토스 부부가 간증을 나누기 시작했다. 마라티어를 우르밀라 사모님이 영어로 번역하고 김 목사님이 다시금 우리 부부를 위해 한국어로 통역해 주었다.

"저희는 본래 힌두교인이었습니다. 4년 전까지만 해도 지병을 치료하기 위해 병원과 무당을 전전했죠. 그러다 아우랑가바드 예수전도단이 변두리 지역에 세워진 베이스 교회에서 치유 집회를 연다는 소식을 듣고 참석하게 됐고, 그

나의 오병이어

산토스 집 앞에서 비행기 연착으로 3시간 이상 기다리는
마을 사람들과 산토스 부부.

아우랑가바드에서 사역하는 예수전도단 리더 가족들과 함께.
우물 준설 예배를 드리기 위해 모였다.

산토스 부부와 함께.

우물 준설식에 항아리(Jar)를 갖고 나와서
깨끗한 첫 물을 기다리는 가정교회 교인과 주민.

나의 오병이어

날 오랜 지병을 깨끗이 치유받았습니다."

하나님이 그 가정에 베푸신 기적은 여기서 끝나지 않았다. 부인의 간증에 이어 산토스가 감격에 넘치는 목소리로 간증했다.

"저는 하급 계급으로 배움의 기회를 얻지 못하던 사람입니다. 글을 읽지도, 쓰지도 못하니 직장을 구하기 어려웠죠. 그런데 하나님을 만난 후 공부를 많이 한 사람도 취직하기 어려운 호텔의 정규직으로 취직하게 되었어요. 모든 것이 하나님의 은혜입니다. 할렐루야!"

그 뒤로도 부부의 간증은 오래도록 이어졌다. 이렇듯 하나님의 풍성한 은혜를 누린 부부는 마을 사람들에게 복음을 전하기 시작했다. 그리고 예수전도단 푸닛 전도사의 지도를 받아 자신들의 집에 가정교회를 세우고 힌두교인들을 초청해 예배를 드렸다. 어느덧 산토스 부부는 복음을 전하는 리더로 세워지게 되었다.

어둠이 내려앉을 즈음 그들의 간증도 끝이 났고, 우리는 전등불을 켜고 산토스 집 앞에 준설한 우물의 모터 펌프를 돌렸다. 순간 차갑고 깨끗한 물줄기가 뿜어져 나왔다. 저마다 물을 받아 가려고 항아리(옆구리에 끼고 다니는 스테인리스

물통)를 가져온 마을 사람들의 환호성이 이어졌다. 김 목사님과 나는 물 호스를 잡은 채 마을 사람들에게 깨끗한 물을 가득 채워 주었다.

이제 그들은 물로 인해 당하던 온갖 설움과 시련을 겪지 않아도 되었다. 우물은 그동안 그들이 겪은 고통과 상처를 싸매는 치료처였다. 사마리아 여인이 우물가에서 예수님을 만나 그의 서러운 삶이 변화되었듯 이들도 하나님을 만나 천국의 소망을 갖게 되길 기도한다. 많은 영혼들이 구름떼처럼 몰려와서 구원 받게 되길 간절히 바란다. 앞으로 우물은 하나님과 그들이 만나는 거룩한 성소가 될 것이다.

타라의 가정에 임한
기적

왈루즈 마을에는 수닐 전도사의 여동생 타라가 리더로 섬기는 가정교회가 있다. 그런데 타라의 집이 가정교회가 된 사연을 듣고 하나님의 살아 역사하심을 다시 한 번 확인할 수 있었다. 오빠인 수닐 전도사가 처음으로 예수님을 영접했을 때 그의 온 집안 식구가 그를 핍박했다. 하지만 10여 년이 지난 지금 타라를 비롯한 60명이 넘는 집안 식구들이 그리스도인이 되었다. 이 가정에 베푸신 하나님의 은혜에 진심으로 감사했다.

"저는 오빠가 아무리 전도를 해도 받아들이지 않았습니다. 완고한 사람이었죠. 하루는 아들이 친구와 호수에서 수영하다가 물에 빠졌다는 소식을 들었어요. 심장이 벌렁벌렁해서 달려갔더니 아들 친구는 이미 죽어 있었고 제 아들도 숨을 멈춘 상태였어요. 바로 그때 오빠가 말하던 예수님이 갑자기 생각나서 난생처음으로 기도를 했어요. '예수님! 제 아들을 살려 주시면 예수님을 믿겠습니다.'"

숨도 쉬지 않는 아들을 바라보는 어머니의 심정이 어떠할지 짐작이 가고도 남았다.

"그런데 그 순간 아들이 기적적으로 눈을 떠서 살아난 거예요. 그때부터 저는 예수님을 구세주로 믿었습니다. 그리고 우리 집을 가정교회로 내놓았어요. 마을 사람들을 전도하는 것도 게을리하지 않았고요."

마침 우리가 그 집을 찾아갔을 때 타라의 아들이 예배의 자리에 있었다. 그는 내 앞에 앉아 작은 눈을 반짝이며

타라가 전도한 가정교회에서 일어난 간
증을 영어로 통역하면 목사님이 다시 한
국어로 통역해 우리에게 전달했다.

바부라오 집 우물 준설식에 모인 사람들.

나의 오병이어

타라의 전도로 슈레쉬 동생이 믿게 되었고, 다시 바부라오 가
족에게 전도하여 바부라오 집에서 가정교회가 시작되었다. 이
곳에 우물을 준설한 후 간증을 듣고 있다.

말씀을 듣고 있었다. 간증을 듣고 아들을 바라보니 감회가
남달랐다.

　　한편 타라는 여동생과 어머니도 전도했는데 우리는 그
집에도 방문할 수 있었다. 우리가 우물을 준설하러 그곳에
갔을 때 타라의 친정어머니는 2층 집을 새로 짓고 있었다.
2층 전체를 예배를 위한 공용집회 장소, 곧 교회로 쓰기 위
해서였다. 김 목사님과 나는 타라의 어머니에게 안수기도를
해주었다.

　　우리는 타라의 어머니가 새로 짓는 건물 바로 앞에도
모터 펌프 우물을 준설했다. 맑고 깨끗한 물이 쏟아져 나오

자 마을 사람들은 기쁨으로 환호성을 질렀다. 나는 그들이 영원한 생명수가 되시는 예수님을 만나길 간절히 기도했다.

타라는 왈루즈 마을 사람들에게 전도하면서 경험한 하나님의 놀라운 역사를 들려줬다.

"슈레쉬 부부는 딸만 다섯이었는데 아들을 간절히 원했어요. 제가 그들을 위해 중보기도를 했는데 얼마 후 그들에게 아들이 생겼어요. 그것을 계기로 슈레쉬 부부는 그리스도인이 되었죠."

슈레쉬의 동생 또한 왈루즈 마을에 잠시 일하러 왔다가 타라가 전한 복음을 듣고 예수님을 믿게 되었다고 한다. 그는 렐가오에서 함께 사는 바부라오 가족에게 전도를 했고, 이후 집안 식구 모두가 그리스도인이 되었다.

이렇듯 가정교회의 리더로 세워진 타라로 인해 많은 이가 하나님께로 돌아오고 있었다. 더욱 감사한 일은 바부라오의 집에서도 렐가오 마을 가정교회가 시작되었다는 것이다. 우리는 렐가오 마을에도 방문해 모터 펌프 우물을 준설해 주었다.

사실 이 마을에는 이미 7개의 우물이 있었는데 지난

나의 오병이어

환자들이 예수님의 피로 깨
끗하게 낫도록 간절히 기도
했다.

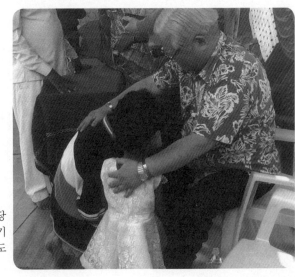

아버지와 딸이 힌두 무당
을 버리고 예수님을 믿기
로 하고 앞에 나와 기도
를 받았다.

5년간 지속된 가뭄으로 인해 모든 우물이 말라 버렸다. 깊이 150m의 우물마저 말라 버리자 마을 사람들은 이 지역에선 더 이상 물이 나오기 힘들 거라고 낙담하고 있었다. 우리가 가정교회 앞에 우물을 준설하려고 90m까지 파 내려갔을 때 역시나 물이 나올 기미가 없었다. 날은 어두워지고 물은 나올 기미가 없어서 우리도 그만 포기하고 철수하기로 결정했다. 하지만 철수하더라도 한 번 더 기도하자 싶어서 목회자와 성도가 한마음 한목소리로 하나님께 부르짖었다.

"하나님, 우리의 기도를 들어주옵소서. 하나님의 역사를 간절히 바랍니다."

그런데 아침에 현장에 와 보니 그 자리에서 물이 솟아나는 것이 아닌가. 하나님이 베푸신 역사였다. 우물은 하나님의 역사하심을 부인할 수 없는 현장이 되었고, 마을 사람들은 모두 하나님의 기적을 체험한 주인공이 되었다. 이제 마을 사람들은 3일에 한 번씩 오는 물탱크 차를 기다릴 필요가 없었다. 많은 마을 사람들이 가정교회에 나오기 시작했고 지금도 꾸준히 신앙생활을 하고 있다.

나의 오병이어

부르심에는
이유가 있다

잘가원 지역은 비교적 깨끗하고 여유로운 마을이었다. 인구가 50만 명 정도 되지만 기독교인은 단 250명뿐이며, 가톨릭교회는 단 두 곳, 개신교회는 가정교회 몇 곳이 세워져 있었다. 주민의 10%가량이 불자인데 기독교 탄압이 거셌다.

카가와 전도사님과 에반젤린 사모님은 이런 곳에 가정교회를 세우고 힘껏 헌신하는 분들이었다. 카가와 전도사님은 유명한 밴드 그룹의 키보디스트(keyboardist) 출신이었고, 에반젤린 사모님은 대학에서 물리치료를 전공한 물리치료사였다. 굳이 어려운 길을 선택한 그들에게도 마을 사람들의 탄압과 핍박은 거셌다.

"이곳에서 다시 전도하면 아주 죽여 버릴 테요!"

목숨을 위협하는 경고도 무려 세 번이나 받았다. 그렇다 보니 아이들이 함께 사는 가정집에 전도 대상자를 초대할 수가 없었다. 부부는 지난 6년간 불타는 사명감으로 기도하며 복음 전파에 힘썼지만 애석하게도 전도의 열매가 한 명도 없었다. 거기에 사모님의 건강에 이상이 생겼다. 부부는 잘가원을 떠날 계획까지 세웠다가 다시 짐을 풀었다. 하나님의 강권하심 때문이었다.

"하나님, 잘가원으로 다시 보내시려면 사역을 계속할 수 있는 표적을 우리에게 보여 주세요."

부부는 눈물로 기도했고, 그로부터 3개월 후, 교회 개척 후원자인 김윤관 목사님을 만나게 되었다. 그 과정에서 부부는 물리치료 클리닉을 개원해서 예배 장소도 확보하고 선교재정에도 보태야겠다는 비전을 갖게 되었다.

김 목사님은 이후 한국에 돌아와 물리치료 클리닉 개원을 도울 후원자를 찾았고, 김 목사님의 부모님이 후원을 약속해 주었다.

부부가 찾던 표적은 그렇게 가까운 데 있었다.

나는 지난 2020년 1월에 인도를 방문하면서 카가와 전도사님 부부를 다시 만날 수 있었다. 부부와는 1년여 전부터 알고 지낸 터였다. 당시 카가와 전도사님은 나와 김 목사님이 트레이닝 센터 준비와 우물 준설 예배를 드리러 왔다는 소식을 듣고는 10시간이 넘게 버스를 타고 우리가 묵는 호텔로 찾아왔다. 1년 만에 만난 그의 얼굴에는 밝은 미소와 감사의 빛이 가득했다. 우리는 반갑게 포옹했다.

　　　　　　　　　나의 오병이어

카가와 선교사가 세운 교회에서 주일예배
후 축복기도를 했다.

김 목사 부부, 존 부부, 카가와 가족과 함께.

"전도는 잘되시나요?"

전도사님은 환한 얼굴로 대답했다.

"주님께 감사해요. 하나님께서 물질을 채워 주셨고 생활이 어려워서 팔아 버렸던 신디사이저도 새로 구매하게 해 주셨어요. 지금은 두 지역에 교회가 세워졌고 한 곳에 20명씩 40명의 성도가 함께 예배드리고 있습니다. Thank you so much, Lord!"

카가와 전도사님은 김 목사님의 부모님을 통해 후원을 받은 후 물리치료 클리닉은 물론 영어 학원도 개원했다고

전도하면 죽이겠다는 위협 속에서도 카가와
전도사님은 교회를 개척하고 선교했다.

나의 오병이어

했다. 클리닉과 영어 학원을 통해 20명의 전도 열매도 맺었다. 하나님의 계획하심이 이들 부부를 통해 성취되고 있었다. 비록 기나긴 고통의 세월이 있었지만, 하나님은 그의 백성을 끝까지 책임져 주신다.

팬데믹에도 돌아가는
선교 시계

하나님은 아우랑가바드 예수전도단 트레이닝 센터 설립을 추진하게 하셨다. 여기에는 예상치도 못한 우여곡절이 뒤따랐다. 공사를 담당한 회사가 트레이닝 센터 설계 도면을 네 번이나 변경해서 보내 온 것이다. 바뀐 도면은 처음 계획한 건물 면적(2850sq/ft)이 아니었다. 2020년 1월 초, 인도를 방문했을 때 나는 존 목사님에게 물었다.

"면적이 3600sq/ft로 늘어난 것을 알고 있었나요?"

"아니요. 전혀 몰랐습니다."

어쩐지 사단이 생긴 것 같아 예수전도단 리더들과 공사를 찾아가 보니 견적을 슬그머니 30%나 올려놓은 것이 아닌가! 다른 곳에서 견적을 다시 받아 보았으나 이미 그들

사이에 담합이 이뤄져 금액이 올라간 상황이었다. 외국인이 공사한다고 하니 공사 금액을 많이 올려놓고는 깎아 주는 방식으로 진행하려고 했던 것이다.

나는 호텔에 돌아오자마자 밤을 새워 처음 계획한 면적으로 기본 설계를 다시 진행했다. 그러고는 다음 날 회사를 찾아가 새로운 설계 견적을 요구했고, 결국 처음 가격대로 공사를 하게 되었다.

그런데 내가 귀국하고 나면 공사 감독을 직접 진행해야 하는 상황인데 예수전도단 리더들이 무시당할 것 같았다. 그

예수전도단 베이스 교회에 힌두교에서 온 새신자들이 안수받으러 모여 있다. 이들을 양육하기 위해 바로 옆에 트레이닝 센터를 세우기로 했다.

나의 오병이어

래서 공사대금은 우리가 지원하더라도 뭄바이에 있는 현지 예수전도단 본사 사무소와 현지 공사회사가 직접 계약서를 작성하게끔 했다.

지난날 시화공장과 검단공장을 짓는 과정에서 겪은 나의 경험이 주님의 일을 하는 데 십분 활용된 사건이었다. 주님의 일을 할 때도 이렇듯 언제나 예상치 못한 어려움을 만나게 되지만, 하나님은 모든 과정을 그분의 방법에 따라 이끌어 가셨다.

"하나님, 이때를 위해 그런 경험을 하게 하셨군요. 하나님, 감사합니다!"

-
트레이닝 센터 조감도. 하나님의 때에 완공되어
선교 기지로 귀하게 쓰임 받을 것이다.

김 목사님과 함께 트레이닝 센터를 공사할 회사와 미팅을 했다.

트레이닝 센터를 지을 땅에 서서 간증하는 예수전도단 리더.

나의 오병이어

김 목사님도 함께 하나님께 영광을 돌려드렸다.

"장로님은 공사 경험이 있어서 그것을 통해 하나님이 일을 이루어 가시는 것 같습니다."

인도는 우리나라와 같지 않아서 일의 진행이 한없이 늘어진다. 때때로 답답하고 조급증이 나지만, 이 또한 하나님의 섭리라 생각하고 기도하며 기다리는 수밖에 없다.

그런데 복병이 터졌다. 귀국 후 한 달이 채 안 되어 코로나19로 인해 전 세계가 갑자기 멈추어 버린 것이다. 특히 인도는 미국에 이어 1일 확진자가 1만 명이 넘어 트레이닝 센터 공사도 중단되고 말았다. 인도로 가 상황을 점검할 수도 없으니 공사가 다시 이어지도록 기도하는 수밖에 다른 도리가 없게 됐다.

한편, 아우랑가바드의 예수전도단 리더들은 도무지 바깥 출입을 할 수 없다고 했다. 전도하러 집 밖으로 나가면 (코로나19 바이러스 전염 방지책으로) 경찰이 몽둥이로 사정없이 때린다는 것이다. 더구나 팬데믹으로 인해 생활고를 겪고 있었다. 그들의 다급한 상황이 눈에 보이는 듯했다. 나는 국제전화로 김윤관 목사님과 상의한 후 세계교회개척운동(WCPM)

–
예수전도단 리더와
그가 전도한 형제들.

을 통해 급한 대로 1인당 1만 루피씩 긴급 조난 헌금을 전달
하기로 했다. 나도 한국에서 일만 달러(NZD)를 세계교회개
척운동으로 긴급히 송금했다. 이것은 선교사들에게 긴급한
수혈이 될 것이다.

또한 아프리카 탄자니아 잔지바르(Zanzibar)에서도 긴급
연락이 왔다. 탄자니아 잔지바르 무슬림 지역에서 보육원의
에이즈 아동들과 어려운 청년들을 돌보는 박관일 선교사 부
부가 어려움을 호소하는 내용이었다. 한국 NGO 단체를 통
해 이불과 옷가지, 중고 컴퓨터 등을 후원받아 탄자니아로

나의 오병이어

하나님은 인도 마라하슈트라 지역의 1억 2천
명의 영혼을 사랑하셔서 우리에게 선교의 사
명을 맡겨 주셨다.

이송하려는데, 대형 콘테이너(12Meter-Long) 2대에 대한 운임
이 없어서 곤란을 겪고 있다고 했다.

　　이 역시 김윤관 목사님과 상의한 후 세계교회개척운동
을 통해 탄자니아 'NOAH DEVELOPMENT SERVICE ASSO-
CIATION'으로 13,900NZD(뉴질랜드달러)를 송금했다. 전 세
계를 강타한 코로나19는 세계 경제를 힘들게 했고, 이로 인
해 선교 사역도 얼어붙게 되었다.

　　그러나 하나님이 우리를 이끄시는 방향은 알 수가 없
다. 선교센터 공사가 세계적인 팬데믹으로 중단된 상태에서

하나님은 선교사들에 대한 후원을 여러 방면에서 중단 없이 이어 가도록 하셨다. 아우랑가바드 예수전도단 베이스에 세워질 트레이닝 센터 선교관은 하나님이 쓰시고자 하는 한 꼭 다시 세워질 것이다. 예수님이 쓰시고자 하여 나귀 새끼를 풀어가셨듯이(마 21:2-3) 우리의 모든 사역도 주님이 기쁘게 사용하시리라 믿는다. 하나님의 인도하심으로 선교 사역은 반드시 이루어질 것이다.

어두움에서 신음하던 나를 주님은 건져 올려 빛 가운데 살게 하셨다. 하나님은 나를 비롯한 믿음의 형제자매를 사역자의 자리에 초대하신다. 복음에 빚진 내가 조금이나마 하나님의 일에 동참할 수 있음에 한없이 감사드린다.

나는 얼마 전에 한국 기독교교육학의 대모이신 주선애 교수님 댁에 방문하여 그분이 주님의 사역을 위해 일평생 헌신하신 이야기를 듣고 왔다. 현재 98세의 나이에도 여선교사 기숙 선교관을 짓는 등 선교에 충성하시는 모습에 깊이 감동했다. 나는 주선애 교수님의 건강과 사역을 위해 기도드렸다.

내 삶이 다하는 날 생명되신 하나님 앞에 섰을 때 '착하고 충성된 종아'라는 말씀을 듣고 싶다. 이를 위해 최선을 다해 하나님께 영광 돌리는 삶을 살고자 한다. 이것이 내 삶의 목표다.

맑고 깨끗한 물이 쏟아져 나오자
마을 사람들은 기쁨으로 환호성을 질렀다.
나는 그들이 영원한 생수가 되시는
예수님을 만나길 간절히 기도했다.

사도 바울은 기독교 역사상 가장 위대한 인물 중 한 사람이다. 그는 율법을 완벽하게 준수하던 정통 유대인이었지만, 자신이 누리던 모든 것을 버리고 최초의 이방인 선교사가 되었다. 그리고 땅끝까지 복음을 전하라는 그리스도의 명령에 충성을 다하기 위해 극한의 고생을 겪었고 마침내 순교자가 되었다. 그런데도 그는 늘 스스로를 '죄인 중의 괴수' '빚진 자'로 여겼다.

미쁘다 모든 사람이 받을 만한 이 말이여 그리스도 예수께서 죄인을 구원하시려고 세상에 임하셨다 하였도다 죄인 중에 내가 괴수니라 딤전 1:15

바울은 당시 가장 융성했던 그리스 문화의 영향을 받은 교양인이자 문명인이었다. 그의 그리스식(헬라) 이름은 사울이었다. 그는 하나님을 대적했고 자청해서 사탄의 앞잡이 노릇을 했다. 악당도 그런 악당이 없었다. 그는 예수님을 신성모독죄를 범한 이단의 우두머리로 오해했고, 그를 따르던 제자들을 비롯해 초대교회를 핍박했다. 예수님을 믿고 따르는 자들은 모두 미친 자라 여겼기에, 그는 그들을 한 명도 남김없이 진멸하는 것을 사명으로 삼았다.

> 사울이 교회를 잔멸할새 각 집에 들어가 남녀를 끌어다가 옥에 넘기니라 행 8:3

그는 교회를 없애기 위해 말 그대로 수단과 방법을 가리지 않았다. 하지만 그의 열정은 여기서 끝나지 않았다.

> 사울이 주의 제자들에 대하여 여전히 위협과 살기가 등등하여 대제사장에게 가서 다메섹 여러 회당에 가져갈 공문을 청하니 이는 만일 그 도를 따르는 사람을 만나면 남녀를 막론하고 결박하여 예루살렘으로 잡아오려 함이라 행 9:1-2

그는 자청해서 다른 지역으로 도망친 그리스도인들을 잡으러 예루살렘에서 240km나 떨어진 다메섹으로 갔다. 자기 신념을 지키기 위해 인간이 인간을 어떻게 대해야 하는지에 대한 최소한의 원칙마저 무시해 버린 것이다. 정말 엄청난 죄인이요, 악당이 아닌가!

그런데 이런 사람이 어떻게 사도가 되어 예수 그리스도의 복음을 전할 수 있었을까? 다른 사람은 몰라도 하나님이 사울만큼은 사용하지 않으셔야 마땅한 것 아닐까? 하지만 주님은 그를 부르셨다. 그의 어떠함 때문이 아니라 그분의 뜻에 따라 은혜로 부르신 것이다. 사도 바울이 이런 고백을 한 것은 모두 이 은혜로 인함이다.

> 그러나 내가 나 된 것은 하나님의 은혜로 된 것이니 내게 주신 그의 은혜가 헛되지 아니하여 내가 모든 사도보다 더 많이 수고하였으나 내가 한 것이 아니요 오직 나와 함께하신 하나님의 은혜로라
>
> 고전 15:10

주님을 만나는 순간, 사울은 비로소 자신의 모습을 직면했다. 자신이 하나님과 믿음의 사람들에게 얼마나 큰 죄를 저질렀는지 깨달았다. 그래서 그는 지금까지 그가 자랑하고 추구했던 모든 것을 쓰레기와 오물처럼 내버렸다. 지금까지 자신이 저지른, 무슨

나의 오병이어

짓을 해도 결코 갚을 수 없는 죗값을 치르기 위해, 예수 그리스도께 자신의 삶을 드렸다. 지옥의 영원 형벌을 받아야 할 죄인 중의 괴수인 자신에게 은혜를 베푸시고 회개할 기회를 주신 주님께 말이다. 그는 단 한 번도 복음 전하는 일을 후회하거나 망설이지 않았고, 그리스도를 위해 치러야 할 어떤 대가도 즉각 기쁘게 지불했다. 그는 하나님과 사람들 앞에서 자신이 얼마나 큰 빚을 지고 있는 사람인지 잘 알고 있었던 것이다.

나도 사울처럼 내 인생의 주인으로 살아 보겠다며 교만에 빠져 살던 사람이다. 예수 그리스도의 복음 대신 이 땅의 보이는 것을 추구하며 한껏 욕심만 부리며 살던 죄인이었다. 그분의 전적인 은혜가 아니었다면 결코 여기까지 새 삶을 살아오지 못했을 것이다. 나도 이제 그 복음의 빚을 갚기 위해 나아가고 싶다. 하나님이 원하시는 대로 더 쓰임 받기를 원한다. 하나님이 나누라고 하시면 더 나누고 베풀라고 하시면 힘껏 베풀며 살아가고 싶다. 그렇게 쓰임 받을 수만 있다면 그보다 더 큰 은혜가 어디 있을까? 주님, 계속 쓰임 받는 삶을 살게 하소서.

"모든 영광과 존귀와 감사를 하나님께 올려 드리기 원합니다. 평생 주님께 쓰임 받는 믿음으로 주님만을 영원히 사랑하기 원합니다. 주님이 기뻐하시는 삶을 살기 위하여 평생 순종하며 살아가기 원합니다."

2021년 4월

김학재

나의 오병이어